中国父母
情绪管理

晏红 著

中国妇女出版社

图书在版编目（CIP）数据

中国父母情绪管理 / 晏红著. -- 北京 ：中国妇女出版社，2023.3
ISBN 978-7-5127-2219-4

Ⅰ.①中… Ⅱ.①晏… Ⅲ.①家庭教育－教育心理学 Ⅳ.①G780

中国版本图书馆CIP数据核字（2022）第253727号

责任编辑：李一之
封面设计：李 甦
责任印制：李志国

出版发行：中国妇女出版社
地　　址：北京市东城区史家胡同甲24号　　邮政编码：100010
电　　话：（010）65133160（发行部）　　65133161（邮购）
网　　址：www.womenbooks.cn
邮　　箱：zgfncbs@womenbooks.cn
法律顾问：北京市道可特律师事务所
经　　销：各地新华书店
印　　刷：北京通州皇家印刷厂

开　　本：165mm×235mm　1/16
印　　张：14.5
字　　数：200千字
版　　次：2023年3月第1版　　2023年3月第1次印刷
定　　价：59.80元

序

《中国儿童情绪管理》已经再版过两次，本次再版同时推出《中国儿童情绪管理》《中国父母情绪管理》，这种设计既凸显了在家庭教育环境中情绪管理的特点，还体现了《中华人民共和国家庭教育促进法》所倡导的科学教子理念。

《中国儿童情绪管理》第一版在2011年出版，当时详细解析低龄儿童情绪特点以及情绪管理方法的指导用书并不多，但是中国妇女出版社非常重视这个问题，于是对出版这本书进行了精心设计和精美编排。令人欣慰的是，20多年来，对儿童情绪状态的关注与引导，已经从最初的“小众前沿话题”变成目前的“大众普通话题”，从以前忽视孩子的情绪生活到现在重视孩子的情绪教养，孩子的情绪、情感发展被视为影响人生幸福的重要因素。当然，由于情绪、情感都是伴随生活情境产生，事过境迁的生活节奏常常让家长很难做到及时关注孩子的生活感受，更难以有效地与孩子的情绪、情感体验同频共振，导致孩子的情绪、情感需要未能得到充分的满足，他们的情绪困扰也未能得到有效的纾解。长此以往，不但影响孩子的情绪生活质量，还会对孩子的人际关系、性格个性、为人处世风格等多方面产生重要影响，尤其是家长普遍关心的亲子关系与学习态度也会经常直接与孩子的情绪、情感状态发生关联。因此，家长需要了解在日常生活情境中发生的哪些事情可能会影响到孩子的情绪发展，需要知道怎样把握生活教育的机会，在孩子童年早期就可以促进孩子的情绪发展，希望新版的《中国儿童情绪管理》可以一如既往地为读者提供相应的启发和帮助。

良好的情绪修养不仅是孩子的事情，也是家长的事情，甚至家长的情绪修养更加重要。我经常接受家长的咨询，很多家长咨询的时候都会说孩子有这个问题、那个问题，却意识不到孩子的问题只是结果，只是表面现象，真正的原因常常与家长相关。每次咨询1小时，几乎需要半小时让家长意识到孩子的问题与父母自身因素之间的关系，意识到改变孩子的前提是改变自己，不要误以为只需要孩子改变，而自己不需要改变。其实，亲子关系是情绪情感相互影响、高度关联的亲密关系，在思想意识上非常有必要把家长的情绪与孩子的情绪做适当的区分，尤其是面对未成年人，家长更有必要先把自己的情绪理顺，才更有可能理性而温情地面对孩子成长的烦恼。《中国父母情绪管理》正是出于这样的考虑而单独成册，希望家长意识到自己在生活中、在家庭教育中存在着情绪化的一面，把关注和处理孩子的情绪与关注和处理自己的情绪结合起来。情绪管理绝不仅仅是孩子成长中的任务，也是伴随家长一生需要不断提升自我修养的过程。从这个角度而言，伴随孩子一起成长，为孩子的健康发展而做自我改变，是家长必经的路径。这一点与我们所熟知的一句话是相通的，“亲子教育不仅是家长教育孩子的过程，也是亲子共同成长的过程”。

《中国父母情绪管理》与《中国儿童情绪管理》的完稿正值《中华人民共和国家庭教育促进法》正式实施一周年之际，《中华人民共和国家庭教育促进法》为新时代家长指引了科学育子行为规范。很多家长都是在家有二宝、家有三宝的环境中养育孩子，多子女之间及其与父母之间形成更为复杂的人际关系，意味着家长面临着孩子更为复杂的心理世界。为了孩子的健康成长，家长不仅要关心孩子的物质生活，还要关心孩子的精神生活，这需要家长对日常的家庭教育现象经常保持积极的思考与主动的学习态度，探索出适合自己家庭与自己孩子特点的教育方法。愿本次出版能助家长合格履职一臂之力！

晏红

2023年2月于清华园

目录

PART ①

健康情绪成就幸福人生

PART ②

家长情绪失衡，孩子情绪也失衡

PART 3

14种对孩子的情绪管理法

PART 4

10 大教养误区，滋长孩子的负面情绪

附录

孩子常见的情绪问题咨询

PART
①

健康情绪成就
幸福人生

01 健康情绪是人的天然需求

衣、食、住、行是人类的基本需求，但事实上，仅仅是衣、食、住、行得到满足的孩子未必能够生存下去。

有这样一个故事：

在18世纪中叶，有一个好奇而又残忍的普鲁士国王，他特别想知道孩子天生能说的第一句话是什么，于是就选择了一家孤儿院，要求育婴员只能照顾婴儿的吃喝拉撒睡，但不能跟他们说话。结果一年之后，这些婴儿全部死亡。国王没有从“实验”中得到原本想要的答案，却给后人留下很多沉痛的思考：只要是人，从出生的那一刻起，就有心理需求；情绪情感的满足如同食物与温暖一样，对生命的存在与发展来说必不可少。

情绪是人对外界客观事物的态度体验，对一个人身心的多方面都具有影响：健康的情绪对人具有积极作用，不健康的情绪对人具有消极作用。

○世界卫生组织早已明确指出，健康不仅指身体无疾病，还包括心理状态良好。良好的情绪便是心理健康的重要标志。健康的情绪使人体免疫系统处于平衡状态，从而增强对疾病的抵抗力。英国著名物理学家法拉第曾因工作紧张致使身体虚弱，久治无效。后来，一位名医给他做了详细检查，结果没有开药方，只留下一句话："一个小丑进城，胜过一打医生。"从此以后，法拉第经常抽空去看滑稽戏、马戏和喜剧等，并在紧张的研究工作之余，到郊野和海边度假，调剂生活，使自己保持轻松愉快的心境，健康地生活到76岁，为科学事业作出了很大贡献。

○健康的情绪使人食欲旺盛、睡眠安稳、精力充沛，并使大脑处于最佳活动状态，保障脑力劳动的效率和耐力，从而增强记忆，活跃思维，令机体的潜能得到充分发挥；反之，则会大大降低人的学习和工作效率。在身心发育的旺盛时期，健康的情绪可以充当孩子的益智营养品。

○健康的情绪帮助人建立良好的人际关系。情绪以细致微妙的表情动作传递着交际信息，例如喜爱与憎恨、快乐与悲伤、期望与失望、羡慕与嫉妒等，从而产生相应的行为结果。历史上出现过用微笑挽救一个生命的故事。第二次世界大战期间，一个飞行员被抓进监狱，他想抽支烟，就向面目冷漠的狱守借火，表情僵硬的狱守给他点了火。就在那一瞬间，飞行员对他报以一丝很浅又短暂的微笑。狱守察觉了，然后问他："有家人吗？"飞行员马上从口袋里掏出父母和妻子的照片，狱守也说起自己的家人。几分钟之后，狱守冒着生命危险帮助飞行员逃离了监狱。情绪就是这样具有惊人的感染力，能够表达语言难以传递的丰富信息，在人际交往中起着重要作用。

○不愉快的情绪未必就是不健康的情绪，适度的焦虑、忧愁、恐惧、愤怒等情绪对人是有益的。适度的焦虑是应对自我满足而停滞不前的预防针，它促使人思考能力亢进，反应速度加快，工作效率提高，从而获得良好的学习效果。人们常说的"生于忧患，死于安乐""先天下之忧而忧"，也体现了忧愁的正面意义。适度的恐惧使个体进入紧张激动状态，增强机体活动能力来应付当前的危险。人在发怒时也有类似反应，比如对坏人坏事敢怒敢言，就是具有正义感和道德感的自然反应。可见，情绪愉快与否不是判断健康与否的标准，适度而不是过度的情绪，对人才有积极意义。

02 “成功＋幸福”，情绪来决定

成功与幸福是美满人生必备的两个基本要素，它们都离不开良好的情绪。

情绪对人生成功有 80% 的贡献

有这样一个简明的成功公式：成功=20%智商+80%情商。它一方面说明，20%的智商是取得成功不可缺少的条件；另一方面说明，要真正取得最后的成功，仅靠20%的智商是不够的，80%的情商同样重要。

情商对成功的重要性还在于它塑造了成功者必备的基本素质：自我激励、抗挫折能力、韧性与意志力。人生不是凭一时冲动的短期冲刺，而是需要意志与韧性的长跑，其间会遇到各种困难和挫折。面对同样的困境，有人失败之后就放弃、退却了，有人则不弃不舍、愈挫愈勇。在大部分情况下，人与人之间的这种差异不是智商造成的，而是情商造成的。自我激励型的人善于保持乐观、冷静、正面的情绪状态，能够在内心说激励自己的话：“越有困难，我越要努力。”“现在我要专心致志，设法解决困难。”自我击溃型的人则悲观、焦虑、逃避，并在内心说打垮自己的话：“我不聪明，能力不行。”“我的脑子乱哄哄的，根本解决不了这样的问题。”无数事实证明，大多数最终取得成功的人不是高智商的人，而是高情商的人。

情绪对人生幸福有 100% 的贡献

成功更多地体现了外在的、社会的标准，有一个被大多数人认可的模式；幸福则体现了个人的内在心理状态，是个人主观感受与体验的反映。可见，幸福没有统一的界定，仁者见仁，智者见智。因此，人们在讨论幸福的时候，常常要加上“我觉得”“我认为”之类的词语。而很多成功人士感觉自己并不幸福，很多普通人却有自己的幸福生活，这就不难理解了。幸福感完全取决于自己所给出的标准与定义，取决于自己内心的真实感受，别人强求不了。

有个典型的高知家庭就上演了一场悲剧。

在这个家庭里，父亲是中科院院士、某知名学府教授，母亲也是大学教授，他们都在科学领域作出了令世界瞩目的贡献，堪称国宝级科学家。他们30多岁喜得贵子，对孩子施与厚爱、寄予厚望，并取名智勇。智勇秉承父母先天优质的遗传基因，受到良好的家庭环境熏陶，智力发育和学习成绩从小就出类拔萃。父亲发现儿子是个科学家的苗子，自己的人生价值能在儿子身上得到体现和延续，别提心里有多么欣慰了。于是，他望子成龙的愿望不断膨胀，智勇5岁半就上小学一年级，二年级结束时直升五年级，在初中、高中一路遥遥领先，不到14岁就以优异的成绩考入北京大学，之后留学美国布朗大学。然而在异国他乡，父子俩发生了一场激烈的争吵。智勇说："这辈子，我决不从事学术研究，也不想当什么科学家，我只想平静地、有所作为地生活。"父亲忍不住怒火，给了他一巴掌。智勇捂着又红又肿的脸冲出房门，驱车超速驾驶，不幸发生车祸，意外身亡。

移开耀眼的成功光环，这对父母在为儿子一点一点地缔造成功的同时，也在酝酿孩子的不幸人生。智勇几乎没有真正的童年生活：1岁半时，父母就用各种方式训练他的观察与反应能力；3岁时，就开始教他识字、算算术。从小学一年级开始，原本活泼好动的小智勇硬是被爸爸训练出当科学家所需要的安静性格：爸爸规定，他必须在书桌前持续坐2小时，然后才可以休息15～20分钟，否则就罚写20页字或演算50道习题。小智勇总是在跳级，因此没有同龄好友，当班里年龄比他大的同学欺负他的时候，他就牢记爸爸的"教诲"："如果班里有同学欺负你，你要用最好的成绩去打败他们，只有用智力取胜的人才是真正的胜利者。"就这样，小智勇应有的童年生活被学习取代了，长期处在紧张、压抑、克制的心理状态中。长大之后，他终于摆脱父母强加给自己的成功观，领悟到自己有权利追求一种平静又有所作为的幸福生活。不幸的是，冲动的情绪如同魔鬼一般间接夺走了他宝贵的生命。

可见，成功了未必就会幸福，成功不能为幸福打包票，幸福要由自己打包票。反之，不成功也不代表不幸福。有的人失败了却无怨无悔，无愧于心，甚至感觉虽败犹荣；有的人把失败转化为成功之母，变压力为动力；有的人生活失意，却仍然感恩人生，感恩社会；有的人遭遇伤害，却仍有以德报怨的坦荡胸怀。凡此种种，逆境之后仍然怀有幸福感，皆因其情绪健康、情感美好、情操高雅。所以，要想成功与幸福兼得，需要从小关注孩子的身心平衡发展，培养孩子健康的情绪情感、健全的个性人格。

03 不健康的情绪对人生的破坏力

• 精选案例

李勇（化名）毕业于一所著名大学，在一家高科技企业做工程师，收入丰厚，可谓年轻有为，但是成功的光环无法掩盖他内心的失落与挫败感，因为他接连结交的几个女朋友都离他而去。周围同事以为是他自己的条件太好了，对女朋友的要求比较高。事实上，他总被女友形容为“工作狂”“有毛病”“不解风情”“没有情趣”“莫名其妙”等，然后被抛弃。李勇不知道自己为什么会这样，从童年到成年他一直是一个好儿子、好学生、好哥哥、好同事、好员工，可现在就是做不了一个好男友，难道是因为没有掌握恋爱技巧吗？他也曾经模仿过恋爱秘籍、攻略之类的做法，但最终还是没有挽留住心仪的女友。

经过几次坦率的交流，李勇发现现在的问题非一时的偶然现象，而是与早已植根于自己心灵深处的个体弱点有关，这种弱点的形成是他自童年时期就开始的心理体验长期、慢性积累的结果。李勇的父亲是一个销售员，母亲体弱多病，一直在家养病，李勇还有一个弟弟和一个妹妹。母亲做不了家务，父亲为了给家庭增加收入，整天都在外面辛苦地做销售，没什么精力过问家里的事情。正因如此，父亲对李勇的要求比较严厉，希望他帮助自己照顾这个家庭，这样李勇从小就承担起了照顾弟妹、照顾母亲的家庭责任。李勇做得非常好，他每天只要一回家就洗菜、做饭、洗碗、洗衣服，还要辅导弟弟妹妹写作业，俨然一个小大人，是邻里一致夸奖的楷模。李勇在学校也很出色，他天资聪明，功课上一听就懂、一学就会，并且还担任班干部，热心帮助同学，为班级做了很多事情，是老师和同学一致称赞的榜样。

长期下来，李勇形成了家里家外、校内校外忙碌不停做事的习惯，只有这样他才觉得生活有价值、有意义。他几乎没有体验过闲聊与闲逛的休闲经历，觉得那种生活没有意思，也不知道闲聊什么、闲逛哪里。每次约会他也尽力让女友高兴，但总是不自觉地把话题转到工作上面。他觉得自己只有在学习和工作方面才不会出错，在与女友交往方面却手足无措。

从表面上看，李勇的问题只是不会谈恋爱，大多数局外人会觉得这不算大毛病，所以李勇在这方面从未得到真正的关心与帮助，直到自己困惑不已、希望改变自己的时候才主动咨询、寻求帮助。很多人个性上的缺点都是这样：在同伴、同学、同事面前暴露不出来，在家里尤其是配偶和孩子面前则暴露无遗，最终经受情绪困惑与内心折磨的人只有自己以及与自己关系密切的亲人。这是因为外在世界有很多规范在帮助人们疏通人际关系，每个人只要呈现符合规范的样子即可，所以人们看见的和自己所表现的行为只是完整个性的一小部分，本真的自我与完整的个体则在放松的家庭环境中展现。因此，人的内心感受犹如穿在鞋里的脚，舒服不舒服，只有脚的体会最真实、最深刻，只有自己和家人最清楚个性缺点所带来的尴尬甚至痛苦。

完整的个性发展以完整的心理结构为基础，即知、情、意、行都得到全面、和谐的发展。李勇则在“情”这一维度没有得到充分、完全的发展。李勇在生活中扮演着多种角色，每个角色都有相应的权利与义务，他主要承担了角色义务，却没有享受角色权利。作为儿子，他尊重父亲、孝敬母亲，过早、过多地承担着责任与压力，却从未享受过一个孩子被充分关怀、照顾以及自由、闲暇、玩耍、撒娇、依赖、依恋等的童年生活，一个孩子应有的情绪情感在他身上没有得到关注与满足。既然自己的需求被忽视，他就采取被动适应的策略，干脆否认自己的情绪情感需要，忘我地为别人、为工作而忙碌。

李勇从小就被家庭责任所驱赶，没有时间可怜自己，没有时间与人交流，更没有时间听人交流，他的童年生活被夺走，过早地成熟起来。他为父亲的期望而努力生活，严格执行父亲的要求，尽量避免父亲的失望与责难。既然没有人为他分担责任，他只能自己扛着，因而习惯了一个人当家做主，没有与人商量、与人分享的经历，也就无法得到与人沟通交流的锻炼。后来他又学了工科，与技术打交道，学习与工作对象不需要面对人的情感与思想，学业与工作业绩仍然是他一个人“当家做主”，他成了孤独的奋斗者与胜利者。长期以来，他紧紧关闭情感的闸门，从未准备做情绪情感的交流，所以他现在不知道如何向别人开放自己的情感，也不知道如何接受别人开放的情感。

人生成长是一个连续不断的整体，每一阶段都有它独特的价值，上一阶段的成长对下一阶段的成长来说，是一种积极的准备，还是一种消极的阻碍，取决于上一阶段的核心体验是积极的还是消极的。如果一个人经常反复出现压抑、否定、扭曲、痛苦的心理体验，就会造就他个性上的某种缺点。这种缺点会在后来的人生阶段暴露出来，给本应自然、健康、快乐的生活留下遗憾，造成伤害。若要修复个性、建立新生活，只能“补课”，以某种方式弥补童年时代所缺失的健康心理要素，重建全面而和谐的健康个性。

04 童年培养“情绪脑”

精选案例

辉辉的爸爸妈妈都是大学教授，平时工作很忙，辉辉由退休在家的奶奶照顾着。这孩子在班里是比较出众的，会说汉语和日语两种语言，画画很好，会弹钢琴，经常在小朋友唱歌时为他们伴奏。可就是这样一个聪明可爱的孩子，有一天把老师吓了一大跳。那天外面刮着风，辉辉却站在阳台上，老师让他回来，他说："我想跳楼。"老师的心咯噔一下，但仍平静地说："从这么高的楼跳下去，人会摔死的。""我就想死。""死了，爸爸妈妈多难过啊！""我就想让他们难过。"老师想转换一下话题，就劝他："咱们回班说话，外面太冷，别感冒生病了。""我想生病。""生病了，老师就该伤心了。"辉辉的回答更让人吃惊："你们伤心我才高兴呢！"老师把辉辉的情况反映给家长，家长才意识到问题的严重性。

童年是"情绪脑"发育的关键期

一般情况下，家长比较重视开发孩子的智力，而认为情感教育是简单的和不重要的，或者认为孩子还小，不懂情感，所以对孩子的情绪情感发育缺乏有意识的培养和疏导。然而，良好的智力发展需要健康的情感来保驾护航，一个自信乐观的孩子会以持续阳光的心态沉浸在学习与生活中，这必然促进孩子的智力发育。即使智商很高的孩子，也会不断遇到各种各样的疑惑和困难，这时他需要健康的情绪情感来调节自己，否则孩子心情郁闷、思维凝滞，他的快乐与发展将同时受阻。再者，孩子在健康成长中遇到的很多问题，例如任性、攻击、自私、冷漠、孤僻等，都与情绪情感发育不良有很大关系，所以家长要像重视孩子的智力发育一样重视情感教育。

TIPS

脑科学家发现，情绪是人脑的高级功能，以杏仁核为核心的广泛联结的神经回路在情绪调节中起着重要作用，又被称为“情绪脑”。情绪情感与主管智力发育的大脑皮质有密切联系，这种联系在孩子 1 岁左右迅速形成，以后不断经历的情绪体验会定型这种联系通道，进而使其形成稳定的反应习惯。0～6 岁是情绪脑发育的关键期。情绪脑控制着人的喜怒哀乐，对人的学习、记忆、决策以及生存和适应有着重要的影响。然而，情绪脑比较脆弱，压力大、慢性病、不良睡眠、噪声污染等因素，都会使其受到不同程度的不良影响。所以，从小呵护孩子的情绪、培养良好的情绪管理习惯非常重要。

保护“情绪脑”的良策

◦ 提高孩子识别情绪的能力

人类有很多情感：快乐、高兴、喜悦、悲伤、害怕、恐惧、难过、伤心、气愤、厌恶……孩子多多少少都会体验各种情感，但是他说不出来，需要家长为他指点陈述出来，这样他以后才能描述自己和他人的情感，为他进一步的情感发育奠定认知基础。

方法1：当孩子产生某种情绪，家长要表示接纳，并帮助他表达自己的感受："你生气了是吗？""妈妈知道你讨厌这只小虫子。"以后，家长就可以直接询问孩子"告诉妈妈你怎么了"，鼓励孩子说出自己的情绪情感。

方法2：孩子平时阅读的图画书上有各种动物和人物的表情，家长可以跟孩子讨论这些表情表达的都是什么情绪情感状态。

方法3：用书把照片或图片的一半遮盖起来，使孩子只看到露出来的另一半，让他猜猜其中的动物或人物是什么情感。

◦满足孩子对家长的情感需要

现在的父母都比较忙，多由长辈或者保姆照顾孩子，但孩子对父母的情感需要是其他照料者所不能代替的。所以，父母在工作之余要尽量抽出时间与孩子共度亲子时光，否则容易使孩子形成孤僻、畏缩或者攻击的心理，就像案例中的辉辉一样。那么，家长应该如何做呢？

方法1：夫妻双方妥善处理好事业与家庭的关系，不要让孩子经受亲情饥渴。白天可以托付他人照顾孩子，但是晚上父母其中一人（最好两人）应该陪孩子一起活动和游戏。同时，有些工作忙碌的父母出于遗憾和补偿心理，喜欢迁就孩子，过分顺应孩子的要求，从而为形成一些不良的情绪反应模式埋下伏笔，这一点需要家长特别注意。

方法2：让孩子学会跟父母打电话或视频交流，这样不但可以满足孩子的情感需求，还能锻炼他的语言表达能力。有时父母实在回不了家，或者回家晚了，要向孩子"请假"，让孩子学习理解大人，同时告诉孩子可以随时联系爸爸妈妈，这对孩子的情感需要具有缓解作用。

方法3：为孩子营造和谐美满的家庭氛围。和谐美满的家庭关系是培养孩子积极情感的重要因素，所以夫妻关系、婆媳关系不只是大人的事，还会影响孩子情感的发育。如果家长在外面受了窝囊气，回来就对孩子发无名火，孩子不理解父母，可能会对自己全盘否定，这对孩子的情感伤害很大。

◦ 培养孩子学会感恩与回报

“我只给孩子充分的爱，根本不需要他的回报。”特别宠爱孩子的家长会有这种想法和做法。这是可以理解的，但是缺乏爱的教育却会延误孩子的情感发展。孩子要学会感恩和回报，才能长成一个人格健全、品性优良的人。

方法1：让孩子学会关心父母，为父母做力所能及的事。有家人生病时，要告诉孩子病人不舒服，大家要照顾他。例如，说话走路轻轻的，不要影响病人休息；为病人倒水；说安慰病人的话。平时妈妈工作累了，回家可以直接跟孩子说：“妈妈累了，想躺一会儿，你给妈妈拿一个靠垫吧！”家长时常这样有意地“懒”一下，有利于培养孩子关心他人的情感。

方法2：让孩子为家长过生日。现在的孩子都知道享受家长给自己过生日，却很少想到为家长过生日，但这是培养孩子学会感恩和回报的教育机会。教育孩子为家长做个礼物，为家长做一件事情，或者说一句祝福的话语，都是对孩子的积极情感熏陶。

◦ 培养孩子应对挫折的积极情感

随着孩子的成长环境越来越优越，有些孩子的心理承受能力却越来越弱，稍微遇到一点儿挫折和困难就大发脾气，任凭家长怎样安慰都不依不饶，这样下去将导致孩子形成不良的情绪反应习惯。

方法1：鼓励孩子自己的事情自己做，提高孩子的自理能力，减少包办代替。挫折之事无论大小，不管是生活、学习还是交友等方面的问题，家长都要鼓励孩子持有面对困难时不退缩、不逃避的态度，培养他积极的心理反应模式。

方法2：当孩子犯错误的时候，不要让他感到过分自责和内疚。孩子难免出错，家长遇到这种情况，不要一味地批评、惩罚孩子，应该态度平静，同时加强对孩子的督导，帮他改正错误。过分严厉的指责和体罚，会让孩子在挫折面前退缩，不利于他的情感发育。

05 孩子的情绪需要被正确解读

• 精选案例

妈妈带着2岁多的灿灿路过一家烤红薯店，灿灿停下脚步，看着烤出来的红薯。妈妈问："你想要一个烤红薯吗？"灿灿点点头。妈妈一接过售货员递来的烤红薯，灿灿就伸手要拿。妈妈说："别急，得先剥了皮才能吃。"灿灿还是踮着脚伸手够红薯。妈妈把手举得更高、剥得更快，并安慰灿灿：“很烫，快剥好了，快剥好了！”灿灿够不着红薯，急得直跺脚。妈妈把红薯剥出一截之后，蹲下来给灿灿：“好了，吃吧。”谁知灿灿把红薯使劲扔到地上，哭了起来。妈妈非常生气，训斥灿灿：“你到底想不想吃？不想吃干吗还急着要买？”灿灿哭得更厉害了。妈妈说：“不吃就算了！不许哭！走，回家！”

孩子的情绪易被误解

妈妈与灿灿的冲突是由妈妈对灿灿的误解造成的。灿灿急切的神情和伸手够红薯的行为主要不是表达饥饿，而是对亲自剥红薯皮的渴望。妈妈却不理解，一再拒绝孩子，导致母女之间的情绪冲突不断升级。

孩子的情绪很容易被误解，这是因为情绪的表达方式有两种：言语表达方式和非言语表达方式。孩子用言语表达情绪的能力是有限的，他主要通过面部表情、姿势动作和语音语调等非言语形式表达自己的情绪；而同一种非言语形式具有多重含义，孩子所要表达的含义不容易被家长立即准确地解读出来。例如，灿灿的神情与动作既可以被理解为急着想吃红薯，也可以被理解为担心妈妈把皮剥完之后，自己就没法剥皮了。最后从灿灿把红薯扔了的表现来看，可以判断导致她生气的主要原因是后者。

有的家长可能认为这是“事后诸葛亮”，如果孩子不说，家长怎么知道孩子所要表达的是哪种含义呢？这就需要家长具有试探孩子心理活动的意识与行为，不要想当然。当灿灿第一次伸手够红薯的时候，家长就可以蹲下来，让她摸一摸，如果烫手，她自然就不想剥皮了；即使自己没法动手剥皮，因为妈妈是蹲着的，她可以看到妈妈剥皮的动作，她要剥皮的愿望也会暂时得到一种替代性的满足。这样冲突就不会发生，妈妈对灿灿的误解不会那么深，灿灿最后也不会那么气急败坏。

避免误解孩子情绪四部曲

◦不急于判断孩子的情绪

随着孩子渐渐长大，他的心理活动越来越丰富、情绪体验越来越细腻，家长很难判断孩子的哪一种情绪在哪一天、哪一件事上就发育成熟了；而且孩子用非言语形式表达情绪的方式对家长来说也像“打哑谜”一样，让人很难每次都准确解读出它的真正含义。所以，家长不要以为自己是过来人，对孩子那点心事没有不理解的。家长采取这种武断的态度很容易误解孩子的情绪。当孩子闹情绪的时候，家长首先应保持谨慎、平等和尊重的态度，做好试探与理解孩子情绪的准备。

◦帮助孩子给情绪命名

给自己的情绪命名是一件有难度的事情。即使是成人，有时也会陷入莫名其妙的烦恼，难以弄清自己到底处在什么情绪状态，况且许多情绪都不是单一的，而是诸多情绪交织在一起的复合情绪。对于孩子而言，他的情绪状态更是如此。孩子的情绪概念发展水平低于情绪体验水平，他所掌握的词汇不足以表达自己丰富的情绪与情感，但是只要家长把他所处的情绪状态用词汇表达出来，孩子就会把情绪词汇与自己的情绪体验进行对应。如果是匹配的，说明家长理解了孩子的情绪；如果是不匹配的，他会摇头不同意，家长可以继续用情绪词汇验证自己是否理解了孩子的情绪。帮助孩子给情绪命名的经验积累一段时间之后，孩子就逐渐学会为自己的情绪命名，也就大大提高了孩子的情绪表达水平，家长误解孩子情绪的概率将会大大降低。

◦允许孩子体验自己的情绪

不管是积极情绪还是消极情绪，都是孩子随着情境和心境的变化而自然出现的，所以有情绪不是孩子的错，不要责怪孩子。每一种情绪都有一个自然的来去过程，孩子完整地体验自己的情绪过程是心灵和精神成长的必要条件，所以家长不要遏制和压抑孩子的情绪。例如，孩子因为玩具被抢而哭的时候，家长可以对他说："妈妈知道你很愤怒，气得想哭，想哭就哭一会儿吧。"可是有的家长却对孩子说："玩具被抢了，有什么好哭的？又不是什么好玩具！妈妈再给你买一个更好的。不许哭！再哭，妈妈就不理你了！"这种方式既有威胁，又有利诱，还有责备，可能会阻止孩子的哭闹，但是对提高孩子的情绪管理水平没有效果。

◦征求孩子管理情绪的方法

走出情绪低谷需要调动情绪管理能力，每个人的情绪管理方法是不同的，家长要给孩子一个自主选择的空间，允许孩子体验自己的情绪，锻炼孩子主动调节自我情绪的能力。但这并不是说任由孩子随便处理情绪，不用再管孩子。家长可以用征求意见的口吻对孩子表达关怀与爱：“你需要妈妈的帮助吗？是想自己待一会儿，还是让妈妈陪着你？”如果孩子选择前者，就允许孩子尝试自己消化情绪，不要过度干预孩子；如果孩子选择后者，家长可以接着问：“妈妈陪你做什么？妈妈抱抱你，怎么样？”听听孩子的建议，谈话、出去散步、看书、做游戏等方式都很好，孩子的情绪管理水平也会因此得到提高。

06 环境悄悄塑造孩子的情绪

精选案例

一位德国妇女一直为慢性腹泻所折磨，医院检查结果显示她并没有器质性生理病因，药物对她毫无疗效，她转而求助于心理医生，并接受了催眠治疗法。医生对她实施年龄回溯后终于查出了原因：这位妇女在大约1岁的时候患上了比较麻烦的消化器官疾病，父母觉得没有治愈的希望，因而预先为她买了一块墓地。当她接受催眠治疗时想起了这件事：“我被母亲抱着，她的心情很不好，在不停地哭，因为医生说我恐怕治不好了。”母亲证实确有此事，但她惊讶而疑惑地说：“这孩子当时只有1岁左右，听不懂也不会说话，怎么可能知道这件事呢？”

婴幼儿时期是潜意识发育的旺盛时期

这种事情乍一听令人觉得匪夷所思，但是心理学上已经有很多类似的案例证明人的记忆最早能够追溯到3岁以前，当然追溯的方法需要专业人士使用特殊方法才能做到。这些现象说明孩子的体验和记忆形成了“永不消失的电波”（潜意识），储存在他庞大的“地下仓库”（大脑）里，并形成一股巨大的潜流，悄无声息却又深刻地作用在孩子的成长过程中，影响着孩子一生的发展。

婴幼儿时期是人潜意识发育的旺盛时期，因为婴幼儿的各种智力要素都以“无意”为主，他们的观察力主要是无意观察，且注意、记忆、思维、想象都以无意注意、无意记忆、无意思维、无意想象为主，也就是说孩子整个身心状态都是自由、放松、随意的，而不像成人那样需要刻意地思考和做事。因此，孩子的潜意识发育非常旺盛，他会无意中学习许多经验，无意中吸收许多信息，无意中获得许多知识和技能，无意中形成许多态度和习惯，并积累成他一生取之不尽的宝库。

TIPS

人的显意识和潜意识

人的思想和行为受两种意识支配，一种是显意识，一种是潜意识。显意识就是我们常说的意识，是人能够自己察觉到的观念、态度和行为模式，并能够进行控制和调整，可以自主选择和决定做什么事、怎样做事。潜意识是在正常情境中无法被察觉或者不能被清晰察觉的观念、态度和行为模式（如习惯、经验等），被压抑和隐藏得很深。潜意识可导致人们常常不由自主地去做或者说出某件事，自己却不知道为什么会这样做或这样说。

潜意识是孩子最初形成的智慧

我们都知道孩子分析和解决问题的能力暂时还较弱，需要父母大量的指导和帮助，同时孩子自身也以强大的力量生长着，其中一股强大的力量就是潜意识。孩子的大脑就像一部留声机，现实生活中父母对孩子说的话、做的事、表达的情感和态度，都会原封不动地印刻在他的脑海里，形成潜意识，并影响他以后分析和判断问题的模式，所以潜意识是孩子最初形成的智慧。例如本文开头的案例，虽然这个德国妇女当时只有1岁左右，但是她头脑里的“留声机”印刻了家长当时消极的态度与情感，家长的哭泣、焦虑、担忧、失望都转化为信息储藏在孩子的大脑中，但孩子自己对这些信息并没有消化、吸收和转化能力，只能将其压抑和隐藏起来，形成分析和判断问题的消极心结，长久积累下去，导致她成年后患上心理疾病，是心理医生终于让她的潜意识重见天日，最后治愈了她的疾病。

可见，潜意识是形成孩子智慧的一个重要源泉，父母要在早期教育中多为孩子建构积极的潜意识，减少消极的潜意识的形成，为孩子打造阳光人生。

构建积极潜意识的策略

从某种意义上说，良好的早期教育就是在孩子的心灵里植入积极的潜意识。积极的潜意识源于孩子健康、安全、愉快的生活体验，消极的潜意识形成于不安、紧张、焦虑的生活体验。因此，在人生之初，对孩子潜意识的教育首先需要营造良好的环境。

◦ 建立温馨的人际关系

我们都能认识到孩子的生存和发展少不了正常的吃喝拉撒睡，其实孩子具有更高一级的需求，那就是“温馨的关系”，这样他的大脑才能真正发育。也就是说，孩子固然不能缺吃少穿，但更不能缺乏人际关系。而现代家庭单元居住格局和紧张的生活节奏，恰恰使温馨的人际关系成为一种稀缺资源，进而影响孩子的健康成长。

一位家长很富有，在繁华的商务区买了一套公寓，家里还有幼儿园里的那种大型玩具，但孩子却出现了类似孤独症的症状。其实对孩子来说，这里并不缺人，公寓里整天人来人往，但是这里缺乏人际关系，公寓里很少有人与孩子交流，孩子在家里也缺乏与小伙伴的交往，父母早出晚归，跟他朝夕相处的只有话语不多的老奶奶。结果孩子长得很可爱，穿得很漂亮，见人却呆呆的，3岁了还几乎不会说话。可见，温馨的人际关系是现代孩子生长的阳光雨露，缺乏会使潜意识脑海一片空白。没有与人交往的素材，孩子怎么能“加工”出自身的智慧呢?

◦ 营造和谐的家庭氛围

即使家庭是一座牢固的城堡，家庭氛围也会随着阴晴冷暖出现一些变化。而处于生命最初3年的孩子只需要晴朗和温暖的氛围，阴霾和寒冷只会在孩子的潜意识里留下阴影。至于有的家长说应该教育孩子面对现实、承受挫折，那是在孩子可以接受的程度与范围内，超限的“现实”和“挫折”将造就消极的潜意识。所以，当家长工作不顺利想在家里发泄情绪的时候，当夫妻感情出现波折的时候，当婆媳因生活琐事发生争执的时候，当家人因孩子生病烦躁不安的时候，请不要让孩子听到、看到或者感受到这些事情带来的负面情绪。不要以为他听不懂，实际上孩子会敏锐地“复刻”，他从家长的语气、情绪甚至拥抱动作的微妙变化中收集和记录这些消极信息，从中解读变化的家庭氛围，进而转化为潜意识。所以，不管成人和家庭经历什么变化和变故，不要让它波及孩子的生活，而要为孩子保留最佳的人生底色。

◦ 尊重感性的学习方式

知性家长面对感性孩子会有很多不理解：这个玩具的功能是训练敲打，孩子只知道抱着啃，既不卫生又玩不出水平，怎么让孩子顺应玩具的功能呢？孩子已经学会走路了，却赖着家长抱，他为什么不能自立呢？不行，应该锻炼他！

知性家长有成熟的理性思维，凡事习惯推理和思考，而感性孩子则显得毫无逻辑和章法。于是，知性家长变得不安和急躁，自己有着几十年的人生经验，怎么能对孩子的表象不了解呢？被自己积攒了几十年的成功经验难道就这么派不上用场吗？不行！因而知性家长对孩子的干涉多起来，干预方式也硬起来。长久下来，孩子潜意识里就形成一种思维习惯：听家长的话没错，自己不用动脑筋也行。依赖性人格由此悄悄形成。因此，有了孩子以后，知性家长不要强行向孩子施加自己的知性，要尊重孩子的感性学习方式。人人都必须这么走过来（包括知性家长），这是不可省略的成长程序。

PART ②

家长情绪失衡，孩子情绪也失衡

01 孕妈妈的焦虑

• 精选案例

刘女士说自从她怀孕以后，夫妻俩就对未来升起一团希望之火，丈夫在生活上对她很体贴，还不停地打听社会上的孕妇班，好让妻子在专业指导和帮助下生出一个聪明健康的孩子，并打算孩子出生后就不让妻子上班了。已经32岁的刘女士也算幸福了，可她的心情并不总是“阳光灿烂”，有时会“阴霾满天”，有时还会“下雨”。她说做过一些情节很相似的梦，比如孩子生出来发现有六个指头，或者会有一种很怪的虫来叮咬婴儿，她甚至会梦见一向跟自己感情很好的丈夫突然消失，自己在无助的孩子面前更加无助……她很困惑自己怎么会这样，担心这种不好的状态会影响腹中胎儿，一出现这种情况她就会加长胎教时间，期望对孩子有所弥补。对此，丈夫则一笑了之，觉得妻子快当妈妈了，神经有些敏感是正常的。

孕妈妈存在心理压力

刘女士的梦反映了女性面临母亲角色时产生的心理变化与压力。

“孩子生出来发现有六个指头，或者会有一种很怪的虫来叮咬婴儿”，这是女性怀孕以后特有的对新生命之脆弱的担忧，对能否孕育一个健康宝宝的担忧，看似杞人忧天，实则是“腹中无生命”的准爸爸难以体验的心理压力。

“一向跟自己感情很好的丈夫突然消失”是女性对“妻子+母亲”双重角色如何定位所产生的困惑。女性希望自己承担母亲角色后，依然得到浪漫的爱情和婚姻，一直“毫无变化”的丈夫却对妻子的这些心理变化“浑然不觉”。而且刘女士对自己做母亲后失去职业女性的角色，也持一定的怀疑，她曾说：“工作中的女性是最有魅力的。”

“自己在无助的孩子面前更加无助”则是孕妈妈对自己抚养和教育孩子缺乏自信的担忧心态，如果新妈妈所获得的社会支持网络规模大、稳定性高，而且很得力的话，孕妈妈孤立无援的感觉就会大大降低。

有句俗话：“站着说话不腰疼。”这反映了局外人难以切身体会到当事人的感受。妻子怀孕以后，虽然丈夫不辞辛苦地干了许多活，但这都是“外围工作”，对孕妈妈的心理支持和帮助更需要准爸爸付出努力，丈夫若无其事的“一笑了之”会加剧孕妈妈的无助感。

调查发现，孕妈妈的心理担忧还有：没在最佳时机怀孕，例如年龄偏大、季节不好、饮食没有调节好、夫妻没有做好心理准备等，能否生出一个聪明的宝宝；接触了药物、噪声、宠物、病人、装修材料等，会不会对胎儿不利；如果自己在怀孕期间生病了怎么办；生孩子后，身材和身体状况会不会不如从前；自己还没有长大，能否带养和教育好宝宝……因此，女性怀孕期间容易出现敏感、脆弱、委屈、悲伤、紧张、惊吓、焦虑、易怒、烦躁和抑郁等消极情绪。

孕妈妈的情绪对孩子的影响

研究表明，母亲的情绪、情感和胎儿的情绪、情感并不是一一对应的关系，但是母亲种种不良的心理反应会在胎儿身上产生积累效应，孩子将来出现心理与性格问题的可能性是正常人的2～3倍。如果孕妈妈经常保持平静的心情、稳定的情绪、积极的心态，胎动就和缓而有规律，有利于宝宝健康成长。长期反复的消极情绪或者激烈的精神刺激会使孕妈妈的内分泌系统发生异常，分泌出的多种激素通过血液循环进入胎盘，使胎盘的血液成分发生变化，从而影响胎儿的发育。

据一项医学统计资料表明，部分孕妇的情绪长期紧张、痛苦、发怒以及遭受过恐惧、惊吓或严重刺激，对胎儿的下丘脑造成不良影响，致使其日后患精神病的概率高于心情放松的孕妇所生育的孩子，且容易致使孩子出现低体重、好动、易哭闹、情绪不稳定、消化功能紊乱、发病率高等状况，还有的孩子适应性差、个性乖张、智力低下。

孕妈妈情绪管理的良策

◦ 接纳自我情绪，顺其自然，为所当为

孕妈妈容易不自觉地产生心事，情绪波动较大。有的孕妈妈会纳闷，自己到底怎么了？怎么会控制不住自己？总想马上驱除自己的消极

情绪，结果却是剪不断理还乱。事实上，情绪也有它自身的消长规律，不要强行克制自己，不要过度反思，不要反复责备自己，接纳自己的情绪，顺其自然，为所当为，主动做一些有益的事情。

◦ 适当读书，增长知识，增强自信

孕妈妈有很多不确定的疑惑、很多难以排解的困扰，读书一向是稳定情绪的良策。读书能帮助孕妈妈心情开朗、消解疑虑、增长知识、增强自信。建议孕妈妈多读一些休闲、娱乐、卫生、保健和心理学等方面的书，注意放松，避免疲劳，合理调节。

◦ 转移注意力，主动做快乐的事情

当孕妈妈意识到自己出现担心、紧张、抑郁或烦闷情绪时，可以主动去做自己喜欢的事情，如听音乐、看电影、欣赏画册、浇花、散步、冥想、幻想等；也可以有意识地进行有节奏的深呼吸，使放松的感觉逐步渗透全身；或者洗温水浴、适度做家务，通过促进血液循环消除不良情绪。

◦ 交流倾诉，释放烦恼与压力

孕妈妈不要把自己封闭在家里，也不要把想说的话都憋在心里，应主动与朋友联系，结交情绪积极、性格达观的新朋友，充分享受与人交流、向人倾诉的乐趣；也可以写日记，倾吐自己的秘密、烦恼与压力。

◦ 丈夫的关心与理解至关重要

丈夫的体贴、关心、理解与劝导是孕妈妈情绪管理的重要力量。丈

夫与妻子一起学习妊娠分娩知识，督促并陪伴妻子去医院检查，顺应妻子的心理变化，接纳与倾听妻子表达的各种情绪，会大大增加妻子的安全感，维护妻子的心理健康。

02 哺乳期妈妈的非真实性在场

• 精选案例

黄女士在一家公司就职，出色的业绩使黄女士颇受上司的赏识。但有了孩子以后，黄女士的部分业务由别人承担了，她的自尊心很受打击，于是她递交了辞职书，在家做全职母亲。

虽然黄女士不缺钱花，丈夫也通情达理，但她常常感觉紧张、恐慌和焦虑，这种情绪影响了她哺乳和育儿时的行为状态。当孩子醒着的时候，她有时会亲切地与孩子交流目光、温柔地拥抱抚摸孩子、甜甜地喃喃低语，但也有很多时候，她在照顾孩子的生活起居时会心不在焉，总觉得自己应该有新的目标并开始为之准备。而且，自己的睡眠、吃饭与休闲习惯因为孩子的到来而变得乱七八糟，她就想把孩子交给保姆带养。每当黄女士从阳台上看到一位母亲怡然自得地推着儿童车在外散步时，一丝内疚就会掠过心头：做妈妈是幸福人生的一件大事，可是我为什么总觉得不快乐呢？

一天，黄女士的妹妹带着比自己儿子小1岁的孩子来家里玩。小外甥在新环境中兴奋地摸这玩那，而自己的儿子则畏缩地躲在墙角处不停地抽泣。黄女士先是安慰、诱导孩子，可孩子没有丝毫改变，接着就大声哭起来。看到孩子见到生人这么没出息，黄女士觉得很没面子，进而对自己做妈妈的能力怀疑起来。她更担心这样下去，儿子的发展会出现障碍。

“母亲非真实性在场”对孩子的影响

黄女士在养育孩子的过程中，出现了“母亲非真实性在场”的状况，其不良影响使儿子出现了“社会性退缩”行为。

TIPS

母亲非真实性在场

母亲非真实性在场是指母亲对哺乳期婴儿无意识的、心不在焉的态度，表现为一贯的、隐隐约约的、难以捉摸的气恼。这种态度在事业和家庭双肩挑的知识女性身上较为常见。母亲非真实性在场是形成儿童各种心理问题和行为问题的主要“病原体”之一。

母亲非真实性在场是哺乳期婴儿面临的最大危险，孩子必须为自己的每一次胜利付出代价。3岁前，婴儿不断提高自己感官的灵敏度，用以侦察和评估来自母亲的冷漠。在行为策略上，婴儿要使尽浑身解数来唤回母亲的关注与爱护。有的婴儿睡眠不好，夜里总是醒甚至吵闹；有的不能独处，总是黏着大人不放；有的出现攻击性行为；有的行为退缩胆怯……对于这些情况，家长一般会认为是孩子淘气、闹人或者任性，如果反映给老中医，他可能会说是上火、内虚等因素导致，接着就开中药。然而在心理学家看来，这些都是婴儿过度紧张、长期处于警觉状态的结果，父母（尤其是母亲）需要改变抚养态度和养育方式。

职业女性更容易出现母亲非真实性在场

像黄女士这样的职业女性做了母亲之后，容易在心理上产生纠结：当家庭和事业出现矛盾的时候，哪个更重要？犹豫、彷徨和思索常常使她身在家里，心在家外，造成母亲非真实性在场。黄女士的儿子在长期的亲子交往中，选择了社会性退缩来吸引母亲的关注。在成人看来，孩子不善交往、畏缩不前，是不合逻辑的问题行为，可是在黄女士儿子的心里，这是一个再好不过的逻辑结果，而且是经过自己漫长的摸索、承受了心灵的痛苦才取得的胜利。婴儿虽小，但也是很有“气节”的，他宁肯自己受委屈、遭受成人的误解，也不愿意成为一个心灵上的孤儿！

一个弱小的婴儿怎么会有那么大的驱动力使他顽强地进行心理抗争？精神分析理论认为，一个人的个性是由三部分组成的：本我、自我和超我。“本我”是代表个性中原始的、基本的、本能的冲动，新生婴儿出生时即具有，它的司法系统遵循快乐原则；“自我”代表个性朝向客观的一面，新生儿与环境渐渐接触后才产生，它试图把本能的愿望与实际可能得到的东西加以区分，其司法系统遵循现实原则；“超我”代表人类道德方面，这一发展取决于父母或其他成人将何种社会价值和标准传递给儿童，它遵循的司法系统是良心。

三个“我”在一个人的内心世界里从来没有和平相处过，最终的胜利者决定了一个人是善良的还是邪恶的，是富有正义感的还是是非不分的，是勇敢的还是怯懦的，它们的决斗过程则形成了人的犹豫、混乱、焦虑、紧张或者不安。

新来人世的婴儿只有一个强大的本我，自我和超我尚未完全建立起来，本我就成了婴儿个性中的当家“小鬼”。这个本我不知道是非善恶，不能区分现实世界的可能性与不可能性，无法控制自己的愿望和行为。本我具有巨大的心理能量，它信奉快乐至上，力求突破一些阻碍实现自己的愿望。而婴儿本我的强大愿望就是对母亲的情爱与依恋，得到充分母爱的孩子心理发育健康，容易接受规则、实现社会化。受母亲忽略的儿童则一般难养、不乖、不听话，这并非他们天生冥顽不化，而是本我没有得到满足，为与现实世界抗争而透支了心理能量所致。因此，不要以为孩子满足温饱后就无忧无虑了，他们也有“心力交瘁”的时候。

从自我做起，超越母亲非真实性在场

当黄女士读懂自己，也读懂孩子以后，开始了补救工作。

黄女士一改往常深居简出的生活习惯，主动与小区里同龄孩子的母亲打交道，让儿子与小朋友一起摸爬滚打。每逢双休日或者节假日，她都会邀请亲朋好友来做客，不在乎家里乱成一团，让儿子“疯”个够。

以前逢年过节，黄女士不爱走亲访友，现在为了孩子她改变了自己，带着儿子东家串、西家游。经过一段时间的紧急补救，儿子不怕与人打交道了，成为一个活泼开朗的孩子。

后来，黄女士又在一家公司高薪就职。她很感慨自己跨过了一道“心坎儿”。当她抛却顾虑，全身心地养育孩子以后，发现孩子进步了，自己也成熟了，觉得自己比以前更加干练、果敢。

在精神分析理论看来，儿童健康个性的形成不能依赖外在教育条款的强行输入，必须使本我的本能能量得到灵活的、多方面的、有效的释放。如果父母和老师过于冷漠、古板、严厉，孩子没有释放心理需要和愿望的出口，紧张和焦虑聚集，必然形成不良的性格和个性。

健康的早期经验和科学的早期教育是走向美好人生的重要基础，因此美国哈佛大学教授怀特说：“没有什么工作比抚育3岁以下的婴幼儿更重要。”

03 饱含玄机的母婴关系

• 精选案例

艾尔莎是个只有3个月大的法国女孩，每天都会闹十几次肚子疼，白天和夜晚都有可能发生。每当这时，她都难受得来回扭动身体，哭闹不止，伴随呕吐，却没有腹泻。所有必要的检查都做了，却没有发现任何器质性的损伤，这难道是心理因素导致的吗？她妈妈显然是很爱她的，这么小的婴儿还会有什么心理难题呢？

儿科医生实在无法诊断艾尔莎的病因，就把她转送到儿童精神病专家马塞儿·卢弗教授那里去了。在单独会面的房间里，卢弗教授听艾尔莎的母亲唠叨与孩子病情“无关”的家事。这位母亲先前有个小儿子，在3个月大的时候因心脏畸形而呕吐不止，最后死去了。后来她又怀上了艾尔莎，这个女儿出生之后丈夫便离她而去。说到这里，她提到自己从未见过父亲，有段时间也厌恶进食，而自己的妈妈同样是在单亲家庭中长大的。现在艾尔莎的呕吐让她想起自己的家族和小儿子，宿命论的阴影笼罩着艾尔莎母亲的心理世界。

由于特殊的家族历史，艾尔莎的母亲总是对自己不满，她常常会无意识地回忆起自己的缺憾和无能，并把自己的不满无意识地流露到育婴态度和行为中。有几次，卢弗教授观察到她对女儿的态度比较粗暴，就跟她讲：“艾尔莎只是在极力吸引妈妈的关注。腹痛是她反复探索后得到的最有效的手段，痛得越厉害，哭得越凶，妈妈搂抱得越紧，女儿感觉这样得到的好处越多。这会进一步让妈妈想到死去的儿子和其他家人，增加妈妈的忧虑，由此形成母婴之间相互影响的因果链。”

母婴关系对孩子的影响

卢弗教授从族谱心理学的角度与艾尔莎的母亲交谈，当然艾尔莎也在现场。他说，婴儿在与父母进行交往时，其观察力、理解力和反馈能力远超出成人的想象。就像母亲或父亲很容易觉察出婴儿的行为心理特征一样，婴儿也很容易觉察出母亲或父亲的行为心理特征。比如，他能在众多的声音中辨别出妈妈和爸爸的声音，在众多的气味中辨别出妈妈和爸爸的体味，虽然他“不认识”爸爸妈妈，但是他能很精确地判断出是妈妈抱他还是爸爸抱他，因为婴儿能识别出妈妈和爸爸胳膊的力度和弯曲角度，进而用自己的躬身方式尽量调整出舒适的坐姿。婴儿通过从外界收集的这些信息辨别他人是粗暴的还是温和的，尤其能感知成人身上最原始、最隐晦的心理秘密。

在妈妈讲述自己的往事并聆听卢弗教授的分析后，艾尔莎的病症竟然消失了！谁能相信3个月大的婴儿能听懂妈妈的家族故事，能明白心理学专家的分析理论？事实上，婴儿还不知道自己是谁，也读不懂妈妈的心事，却能读懂母婴关系！当妈妈的心理症结在倾诉和分析中得以消除，如释重负的感觉改变了她对女儿的紧张和负疚心理，建立了与过去不同的母女亲情。艾尔莎马上觉察到了妈妈的变化，不再像以前那样以牺牲自己的身心发育换得妈妈的关爱。

艾尔莎因得到妈妈健康的爱而恢复身心健康，后来顺利地上了幼儿园，身体发育特别正常。她妈妈也重新回到原来的工作岗位继续完善心理健康。母女俩都没有再看过心理医生。从卢弗教授的这例个案可见：人的心理世界神秘莫测，婴幼儿的心理更是玄机难解，只有几个月大的婴儿对母婴关系的心灵感应能力让人惊叹不已，母婴关系对婴儿早期的生活与发展具有决定性的意义！

健康母婴关系的特征

卢弗教授既没有治疗艾尔莎，也没有治疗艾尔莎的妈妈，他所医治的是母婴关系。恢复健康的母婴关系，是搞好早期教育的基础和保证，并对母婴双方的未来发展具有积极意义。我们从中得到启发，经营好母婴关系是造福两代人和整个家庭的一件大事。

- 母亲真心喜欢养育孩子，把它当作一项值得付出的工作或事业。
- 如果养育孩子时感到心烦意乱，母亲马上能意识到，并调整好面对孩子的态度和行为。
- 养育孩子能使母亲从家庭和社会上的烦心事中解脱出来。
- 养育孩子能使母亲真正获得自我效能感。
- 敏锐地发现孩子发出的“求爱”和“求助”信号，并给予及时的反馈。
- 孩子对母亲形成安全依恋，常有微笑和手舞足蹈，不排斥、不黏人。
- 丈夫不嫉妒而且支持母婴关系，使对养育投入很多的母亲不产生内疚感。
- 母亲的育儿困惑能通过方便的途径得到倾诉、交流和解答。
- 母婴关系随着孩子的成长变化而自然调整。

如果不是母亲而是其他看护者养育孩子，符合以上9个条件，亦可建立健康、有效的“拟母婴关系”。

04 潜在的婆媳矛盾

精选案例

薛女士做了妈妈以后，婆婆就来照顾她和小孙子。婆婆是从农村来的，身体好，能干也能说。一开始两人相处得还挺好，但半个月以后，薛女士的母乳变少了，不够孩子吃，需要添加奶粉。白天还没关系，到夜里，人累了一天，睡得迷迷糊糊，孩子饿了要吃奶，婆婆觉得自己年纪大了不便起床，薛女士身体虚弱，也很不适应半夜起来“工作”。于是，面对孩子的哭声，有时婆媳俩都迟迟不愿起床给孩子调配奶粉，两人心里开始有一种心照不宣的推诿和责备。

有一天中午，婆婆哄孩子玩的时候，似有意似无意地说了几句话，让薛女士心里很难受。婆婆对着孩子说：“你看你这个妈妈呀，连奶水都没有了，算什么妈妈？奶奶年轻的时候奶水多得你爸爸都吃不完！”有时候婆婆还会边喂奶粉边对孩子说：“我的小孙子好命苦啊，连奶水都吃不上！”虽然婆婆说的都是事实，但是薛女士有一种针扎般的心痛：自己怎么就那么无能呢？母乳不够遭婆婆的奚落，一向没输过的薛女士不得不服输。因此，有时她对婆婆和孩子，甚至丈夫都有一种无名的恼火。

更为关键的是，孩子特别爱哭，白天不睡长觉，醒了就哭，夜里是个“吵夜郎”，把大人搞得筋疲力尽。婆媳俩常常会等待对方先做出反应，这时候孩子就会一声高于一声地哭。有时候，薛女士气得对孩子大声嚷：“哭什么哭，烦死人了！”孩子仿佛理解了家长的怨气，哭得声音更大了。结果，2个月以后，孩子两侧腹股沟疝气，其他方面的发展也不令人满意，比如他对陌生环境适应得非常缓慢，让薛女士心里暗暗着急。

婆媳矛盾让孩子付出代价

很多大人都认为，婴儿只有生理需要，饿了就哭，吃饱就笑，有尿就撒，困了就睡，哪里还有什么心理需要？所以我们时常能听到“小孩子是最幸福的，整天无忧无虑”之类的话。其实对儿童心理有过深入了解以后，我们就会发现，小孩子不但有忧有虑，有时他还会调动整个身心去排遣自己的不安和烦恼，尤其是他对家庭成员之间的矛盾具有敏锐的反应。

在家庭关系中，婆媳之间的心理矛盾是潜在的、隐晦的，同时也是持久的、深刻的，具有很强的穿透力，它不可能像夫妻矛盾那样简洁明朗，处理起来比较容易挑明，把话说在明处。薛女士就陷入这样的关系困境中，婆媳俩都认为对方应承担照顾孩子的责任，而责任一旦扩散，就等于谁都有责任，谁也都没有责任。这种心理拉锯影响了她们及时识别孩子的心理信号，孩子在无望的等待和莫名的指责中建立不了稳定的内部工作模型。疝气是孩子付出的身体代价，社会适应困难则是他付出的心理代价。

婆媳和谐养育孩子的良策

◦对家庭关系的新变化有心理准备

“家有一老，如有一宝。”这是当下许多双职工家庭发出的感慨。为了下一代，祖辈义无反顾，走到子辈家庭抚养孙辈，让年轻的父母们没有后顾之忧，专心干事业，这是中国进入老龄化社会以后的一道亮丽风景线。同时，一个小家庭变成一个大家庭，家庭关系复杂起来，尤其是婆媳之间缺乏长期相处的理解和沟通基础，心理关系具有复杂、微妙、隐晦的特点，都会折射到对孩子的养育态度和行为中。如果孩子3岁前生活在安全、安定、温馨的家庭物质环境和心理环境中，他将获得对世界的信任感，身心茁壮成长，反之，孩子的身心将受到不良影响。

◦以“家和万事兴”为基础

隔代教养需要娴熟的家庭成员相处技巧，一些古训是千锤百炼出来的经典，比如“明着敬老，暗着爱小”“当面教子，背后教妻”“当面教子，背后劝老”，仔细品味，这些话浓缩的内涵相当丰富，具有促进“家和万事兴”的功效。由于隔代教育涉及的家庭成员比较多，人与人之间的心理关系复杂，如果心理上有隔阂便不利于对孩子采取一致、和谐的家庭教育。所以，**做好隔代教养需要以“家和万事兴”为基础**，整个家庭温馨、协调的“人气”有利于孩子情绪和心理的健康发育。

◦ 孩子的爸爸要善于调节婆媳关系

婆媳关系是隐晦和持久的，因养育孩子而发生家庭矛盾是常有的事，但是处理起来不如夫妻关系方便，这时孩子的爸爸要“隆重登场”，主动承担协调家庭关系的责任，善于“和稀泥”，用自己的智慧把她们都“摆平”。平时再忙，孩子的爸爸也要抽时间与孩子的妈妈和奶奶交谈，听听她们在观念和态度上的分歧，并且灵活调节好她们的关系，不让她们在心理上产生疙瘩，因为大家都是为了孩子好。如果爸爸把教育孩子看成女人们做的“家务事”，不闻不问，那么隔代养育矛盾就得不到顺利的沟通和化解，不但家庭关系受影响，孩子的健康发展也受影响。

◦ 婆媳之间采纳对方的可取之处

婆媳两人生活在不同的时代和环境里，有着不同的生活、教育和文化背景，对教育观念、教育内容和教育方法有不同的理解，而且都有过成功的教育经验，婆婆成功地养育了自己的儿子，媳妇成功地完成了自身的教育，所以过去成功的记忆模式会影响她们对孩子的教育。但是，对她们来说，该怎样教育新一代的孩子是个新课题，谁也不能太自信，需要两代人共同学习科学的早教知识，平等地商讨和尝试，吸取对方的可取之处，这样才能给孩子最好的教育。

05 不容忽视的亲子嫉妒

精选案例

案例1：江女士有个不到半岁的小儿子，丈夫工作很忙，她一个人带孩子比较劳累，于是便住在同一个城市的娘家。平时，江女士与儿子享尽了母子亲情带来的欢乐。有一次，丈夫周末回来与儿子一起玩耍得很尽兴。这本来是好事（因为孩子会认人了），结果江女士当天哭了一个晚上，还没头没脑地训斥丈夫："你带过几天孩子？你知道带孩子有多辛苦吗？你就知道捡便宜！你就会带孩子玩！"丈夫对妻子的反应莫名其妙："这女人是怎么回事？"

案例2：涛涛上小学四年级，写了一篇作文《我的爸爸》，妈妈偶尔翻看之后，红着脸气冲冲地对儿子兴师问罪："你爸爸这好那好，以后你就别叫我帮你了！"儿子是个"直肠子"，说："爸爸就是好，怎么了？"妈妈更是恼羞成怒："你爸爸好，以后你就别叫我这个妈了！"眼看母子俩要吵起来，爸爸把他们拉开，关起门安抚了孩子妈妈老半天，这件事才平息下来。

客观存在的“亲子嫉妒”

以上两例中的妈妈都对孩子的爸爸产生了嫉妒心理。如果说同事、同学之间存在嫉妒心理，大家都能接受，但是说父母有时会因为孩子而吃醋，甚至父母有时会吃孩子的醋，大多数人的第一反应是“怎么可能？”。然而，不管是过去还是现在，不管是孩子小时候还是孩子长大了，这种醋意和嫉妒都是客观存在的。

历史上有一个著名的亲子嫉妒故事——施特劳斯父子。施特劳斯父子都是蜚声世界乐坛的音乐家，《拉德茨基进行曲》是老施特劳斯的代表作，《蓝色多瑙河》则是小施特劳斯的代表作。说起儿子小施特劳斯，可不是他的爸爸老施特劳斯有意栽培出来的，相反，当看到儿子才6岁就能在家里弹奏他自己构思的圆舞曲时，爸爸不但不为儿子高兴，反而深感不安，于是他禁止儿子从事一切音乐活动。当他偶尔回家发现儿子在练琴的时候，竟然用鞭子粗暴地抽打儿子。小施特劳斯的妈妈只好偷偷地给儿子请教师。待儿子渐渐长大，老施特劳斯的猜忌心理变本加厉，甚至让人传言警告维也纳城内各大音乐厅，倘若有谁请小施特劳斯演出的话，那老施特劳斯就拒绝在此演出。有一次，老施特劳斯听说儿子有一场演出后，就决定在同一时间也举办一场音乐会，但到后来知道自己音乐会的门票在黑市上没有儿子的票价高时，又取消了音乐会计划。他为此狂怒不已，终于病倒了。

这个著名的音乐家一辈子都在嫉妒自己的儿子，直到他行至暮年，态度才有所改变，但仍然对儿子很冷漠。

这三个故事都属于亲子嫉妒现象。施特劳斯的亲子嫉妒类似于同事之间的才华嫉妒，与中国望子成龙的社会传统心理有差异；江女士和涛涛妈妈的行为是嫉妒孩子与配偶之间密切的亲子关系，现实生活中这类亲子嫉妒较常见。然而不管怎样，这些事实都说明亲子关系中的嫉妒是自然产生的、带有普遍性的心理现象，只不过有时是难为人所觉察的潜意识嫉妒心理，有时是比较明显的显意识嫉妒心理。

“亲子嫉妒”的特点

亲子嫉妒与一般的嫉妒心理有相同之处，也有它自己的独特性。嫉妒心理是一种难以启齿的内心情绪反应，它常常以多种形式表现出来，如抱怨、焦虑、恐惧、悲哀、猜疑、羞耻、自咎、消沉、憎恶、敌意、怨恨、报复、失望、冷漠等。别人的才华、名誉、地位、容貌、气度、歌声、舞姿、和睦的人际关系等都可能引起一种莫名其妙的嫉妒，并使自己陷入挥之不去的情绪困扰之中。这是普通的嫉妒心理，家庭成员之间的嫉妒还表现为感情上惧怕被别人替代，比如，担心配偶一方独自占有孩子的爱，婆婆担心媳妇夺走了儿子对自己的爱，兄弟姐妹之间担心父母只偏爱其中一人，等等。

在种种嫉妒心理中，亲子嫉妒是人们最难以发觉又不愿发觉的，常常使亲子双方觉察不到，甚至有所感觉也会很快地被思想意识排除掉。因此，客观存在的亲子嫉妒被人否定也就很自然了。

与普通嫉妒心理相同，亲子嫉妒心理有三个层次。

最初层次是潜意识嫉妒心理，还没有形成自觉意识，对人的心理激活作用微弱，一般不会产生严重后果，但这种心理存在非常普遍，常常与羡慕、竞争等心理混在一起。有时面对孩子与配偶关系亲密，自己有隐隐的不快，就是潜意识的亲子嫉妒心理。

第二层是显意识嫉妒心理，已经由无意识（或下意识）转到有意识，显露出来的行为是挑剔或散布不良言论。严重者还可能出现人身攻击、诬陷、诽谤，使被嫉妒者感到压力或痛苦，而嫉妒者则以此求得心理平衡和满足。江女士和涛涛的妈妈都属于显意识嫉妒心理。

第三层是变态嫉妒心理。所谓“变态”，即脱离正常社会生活范围的异常表现，主要有两种形式：一种是猖狂地攻击被嫉妒者；另一种则变成无事不嫉妒的人，甚至本不该嫉妒的事也要嫉妒。很多纪实文学作品或现实生活中发生的家庭暴力、身心虐待甚至弑亲等恶性事件，施加者都有可能存在变态嫉妒心理因素。

可见，亲子嫉妒不一定立刻显现于表面，很多情况下都是深藏在人的内心，并以伪装、歪曲的形态呈现。

“亲子嫉妒”让孩子少得一半爱

嫉妒主要是一种消极情绪，具有一定的危害性，反映在亲子关系中，会让人不知不觉地排斥孩子与爸爸或妈妈之间的亲情。当孩子还处在学龄前阶段，不少家庭会出现这种情况，尤其是妈妈，她觉得孩子是自己身上的一块“肉”，在感情上对孩子的独占欲望比较强烈，总希望孩子在身边如小鸟依人，才能补偿生育和养育孩子的代价。因此，有的妈妈对孩子总是不放手，对孩子黏着自己还感到挺自豪。对于孩子与爸爸的疏离，她认为本应如此，甚至有时干涉、限制孩子与爸爸游戏的机会，完全没有意识到这样让孩子损失了完整的爱。

江女士曾以多种方式表现出亲子嫉妒心理，她在逗孩子学说话的时候，有时会这么说：“宝宝学妈妈说话，妈——妈——好——爸——爸——坏——”有时婆婆说：“这孩子长得真像他爸爸小时候。”江女士就会立即反驳：“宝宝像妈妈，不像爸爸！宝宝看，妈妈比爸爸漂亮，对吧？”如果三人一起出游，江女士总是与孩子亲密接触，丈夫则是拎包的或者做旁观者。丈夫把妻子的行为理解为对孩子的爱，全然甘愿让自己处于“待岗”状态。

涛涛的爸爸则把妻子的行为理解为小心眼儿、爱生气，就处处让着她。涛涛的妈妈还说过：“儿子越长越大，感觉离自己的距离越来越远，我真怀念他小时候离了我就哇哇大哭的样子。”有时丈夫双休日出差，她感觉孩子就得依靠她了，孩子要什么给什么，她想借此机会好好笼络儿子。丈夫让她不要溺爱孩子，她则反唇相讥：“只许孩子与你好，不许与我好？”可见，溺爱的行为背后有多么微妙的亲子嫉妒心理在起作用。

众所周知，母爱和父爱有不同的特点，两相结合是塑造孩子健全人格的关键，因此父母要有意识地控制和排除嫉妒心理，让孩子尽情地享受与表达完整的爱。

06 不断升级的亲子大战

精选案例

外面下着小雨，浩浩要出去玩，妈妈不让，因为他前两天感冒着凉了。妈妈说："外面冷，着凉了还得吃药打针，你不害怕吗？""不怕！"浩浩边说边拉门把手。妈妈把浩浩抱回来，浩浩在妈妈的怀里踢打不停。妈妈生气了："宝宝不听话，妈妈不理你了！"浩浩趁机挣脱妈妈的怀抱，跑到门口拉门，拉不开就使劲拍门，边拍边叫："开门！开门！"妈妈说："我偏不给你开门，看谁厉害！"然后把孩子抱到沙发上，在他屁股上打了两下，说："再闹还揍！"浩浩哭叫得更凶了，在地上打起滚来。见孩子哭得厉害，妈妈前来哄他，浩浩不听，继续哭闹。20分钟之后，爸爸回来了，说："你们母子俩真够闹腾的！浩浩，爸爸抱你到阳台上玩一会儿。"一场亲子战争这才消停下来。

亲子战争不断升级的过程

一场亲子战争结束了，但这是暂时平息，还是真正的和平？谁是真正的胜利者？战争平息的原因是什么？下次遇到类似情境，是否会再次爆发战争？战争频繁爆发的原因是什么？怎样走向真正的亲子和平？这是战争结束之后留给父母的反思。

亲子战争的爆发源于孩子与妈妈的需求不一致，浩浩不怕生病要出去玩，妈妈怕孩子生病不让他出去玩，这个矛盾僵持下去很容易引发战争。而浩浩与妈妈的互动模式则会激化战争不断升级。

- 要出去玩是孩子的第一个行为目标："我的要求需要得到关注！"
- 妈妈不同意，浩浩就拍门。这是孩子的第二个行为目标，加大反击力度，目标转向与妈妈争夺权力："我要反抗你，全力争取自己的需求。"
- 妈妈打屁股，浩浩打滚哭闹得更厉害。这是孩子的第三个行为目标，用更加激烈的反抗激惹妈妈发脾气，以报复妈妈："你打我，我让你生气，我们之间扯平了。"
- 妈妈前来哄孩子，浩浩不听，继续哭闹。这是孩子的第四个行为目标："我的方法无效，你的方法也不灵了吧。"战争以两败俱伤结束。
- 爸爸陪浩浩玩，浩浩不闹了。爸爸的关注与陪伴让孩子得到意外的收获与惊喜，孩子成为胜利者。
- 孩子得出结论："此套方法有效，至少与妈妈打个平手，有时爸爸回来还白送一个奖赏，下次继续使用！"亲子战争潜藏循环的危机！

亲子战争潜藏的陷阱

众所周知，家长爱孩子，孩子爱家长，何来亲子战争？其主要原因在于家长与孩子是不同的主体，是有着不同心理、不同需求和不同个性的人，这样就难免产生亲子冲突与矛盾。虽然家长的主观愿望都是为了孩子好，但是孩子也可能不理解，即使理解了，孩子也有自己的想法与做法，并为此据理力争。因此，亲子战争经常出现，只是状态不同而已，有时很快就能解决，有时则不断升级，有四大陷阱容易导致亲子战争不断升级。

◦ 陷阱 1：吸引关注

得到家长的关注是孩子基本的心理需求，这使他觉得自己被重视，所以家长的关注会强化孩子的行为。如果孩子良好的行为受到关注，他将继续重复这个良好行为；如果孩子的不良行为受到关注，他将继续重复这个不良行为。对孩子来说，家长的表扬与批评、高兴与生气、鼓励与责骂都是关注，因此孩子不怕家长批评、生气、责骂，最怕家长不理自己。他尝试用不断升级的手段吸引家长的关注，如果他一挑战，家长就应战，万试万灵，妈妈就不知不觉地陷入亲子战争。如果孩子出现不良行为，家长采取不理睬的办法，孩子就会发现此招不灵，转而放弃这种行为，亲子战争就无法上演。

可是在浩浩与妈妈的战争中，妈妈从生气到叫板、打屁股、威吓、哄劝，都在不断支持孩子的不良行为。爸爸不由分说地对孩子和妈妈各打一棒，并无条件地陪孩子玩，更强化了孩子的行为法则。可见，父母的行为模式不自觉地使亲子双方陷入争战的泥淖。

◦陷阱 2：权力较量

当孩子遭到家长拒绝的时候，他的第一个目标——吸引关注已经成功实现，下一个目标就是争取让家长满足自己的愿望。然而，生活经验让他明白：做到这一点并不容易，必须努力争取，于是一场权力的较量拉开序幕。虽然家长很有权威、更有力量，可以用命令、威吓、胁迫等严厉手段“打赢”这场战争，但一定会赔上融洽的亲子关系。有的孩子会以更加激烈的态度争取自己的权利，有的孩子则采取表面服从、内心抗拒的方式曲线维护自己的权利。但无论孩子采取哪种方式，亲子之间的信任关系都会因此受到伤害。

如果家长发现孩子在与自己较劲的时候，要先控制自己的情绪，离开现场，避免陷入亲子之间争夺权力的战争。当孩子发现没有敌人的时候，他就失去了要挟家长的战场。等孩子平静之后，家长再出面与孩子语重心长地交流，才有利于建立良好的亲子关系。

◦陷阱 3：反击报复

经过一番权力的较量，如果家长屈从了孩子的意愿，也就是说孩子赢了，意味着孩子的策略是有效的，那么以后他还会采取这种行之有效的方式。如果家长用强权和武力征服了孩子，也就是说孩子输了，孩子会出现愤怒情绪，愤怒之下的孩子把怒火向外宣泄，用故意捣乱的方式反击报复家长，当家长被激惹生气之后，他便获得了心理平衡。

因此，当孩子用大哭大闹、任性撒野、打人摔物、拍打自己的头等方式让家长觉得恼火、生气的时候，家长要敏感地意识到孩子可能在报复自己的威力，并立即停止发火，可以用闭嘴数数或者深呼吸的方式控制自己的情绪，避免亲子双方受到更大的伤害。

TIPS

解读孩子行为的目的

敏锐地解读孩子的行为可以有效地预防亲子关系陷入不良循环。如果孩子的行为让家长感觉困惑和烦躁，说明孩子的目的可能是吸引家长的关注。家长应该在保证安全的前提下，不理睬孩子的不合理行为。

如果孩子的行为让家长感觉没面子、受胁迫，说明孩子的目的可能是与家长较量权力。家长应该立即停止争执，等孩子平静下来再耐心交流。

如果孩子的行为让家长感觉难过、伤心和气恼，说明孩子的目的可能是在报复家长。家长应该控制自己的情绪，避免亲子关系受到伤害。

如果孩子的行为让家长感觉沮丧和失望，说明孩子的目的可能是自暴自弃。家长需要改变自己的教养态度与方式，帮助孩子重新塑造自我。

◦陷阱 4：自暴自弃

当孩子发现自己的报复会招来家长更加严厉的打击时，他就会知道无论自己怎样反击都会失败，转而采取“惹不起，躲得起”的逃避策略，对自我进行彻底否定，开始自暴自弃、陷入自卑。在这种情况下，孩子的情绪很不稳定，时而安静，时而吵闹，对批评满不在乎，对表扬也不信任，一副软硬不吃的样子，让家长和老师有一种无可奈何的感觉。当认为对孩子说什么都不管用的时候，家长和老师自然就会降低或者放弃对孩子的要求，给他贴上“不听话”“坏孩子”的标签，孩子则按照坏孩子的行为模式继续塑造“无能为力”的自我。当亲子战争陷入令孩子自暴自弃的境地，就已经酝酿了比较严重的后果：孩子的信任感与自信心被摧毁，外向性格的孩子恶作剧行为不断，内向性格的孩子退缩胆怯，成为不受欢迎、不被重视的“边缘人”。

因此，当孩子的行为让家长感觉沮丧失望、无可救药的时候，家长要认识到这种情况的严重后果，需要彻底改变自己的教养方式，重新建立积极的亲子关系，塑造孩子积极的自我概念，并做好长期的心理准备，因为一切重新开始都需要一个漫长的过程。

07 家长“压力山大”

在现代生活中，几乎每个人都感受到来自各方面的压力。一方面，随着现代文明的发展和社会的多元化，每个成人要扮演的角色越来越多，而且社会赋予每一种角色特有的价值、规范与要求也越来越高；另一方面，信息量和知识的迅速更新也让人们的时间和精力被分割得愈发琐碎，无法兼顾，再加上日常生活中经常遇到的各种困惑与问题，心理压力油然产生。

突然的、巨大的压力固然很明显地影响人的情绪与健康，普通的、长久的压力对人的情绪与健康也会产生慢性的、持续的潜在影响。这种影响主要以心境的方式存在，构成人们面对现实、看待事物和解决问题的基本态度与倾向。如果是放松、自在、如意的心境，那么人的心态就阳光灿烂，他通常会以积极、正面、理性的方式应对现实生活；如果是紧张、压抑、不满的心境，那么人的心态就比较阴沉，他通常会以偏见、消极、情绪化的方式应对现实生活。

作为家长，主动反省自己存在的心理压力，并想办法缓解压力、调节情绪，培养良好的心境，是管理自我情绪以及管理孩子情绪的前提。经过调查与访谈发现，家长的心理压力集中在以下四个方面。

孩子的健康状况所带来的压力

精选案例

彤彤妈最担心的就是孩子的身体。前阵子孩子病毒性感冒刚好没多久，去打了麻疹疫苗，结果起了疹子，好不容易疹子全退了，过年回了趟老家，吃得比较杂也比较多，居然发生了肠套叠，幸好发现及时，没有造成很大的伤害。打针的时候，看到护士手上粗粗的针管，孩子拼命地大哭，当妈妈的心都要碎了。都说现在的孩子太娇贵了，要适当粗养，可是彤彤接二连三地出状况，妈妈便不停地责怪自己平时太疏忽，让孩子遭了这么大的罪。

◦ 减压理由

幼儿身体抵抗力较弱，容易生病，妈妈们都会为此感到紧张焦虑，但是妈妈们仍然有三大理由为此感到欣慰。

- 自我的成长。因为爱孩子而产生的刻骨铭心的牵挂，甚至无中生有的担忧，还有日夜兼程的操劳、舍己为子的付出，都是母性意识、情感和态度走向成熟的过程，女性的人生会因此而散发出独特的魅力。

- 孩子的成长。孩子的适应能力和抵抗力就是靠打破原有的平衡并锻造新的平衡而获得的，孩子因此而迸发出破茧化蝶的生命潜能。

- 医疗的力量。现代医疗卫生技术越来越先进，家长只要及时发现问题并将其送往医院，孩子一般情况下均能化险为夷、康复痊愈，因此家长的任务主要是早发现、早就医。

◦ 减压处方

（1）思想上减压

根据如上减压的三大理由做自己的思想工作，告诉自己：“我的担心是不可避免的，也是有益的，这可以提醒我密切关注宝宝的健康。但我可以放松一些，因为周边的医疗系统我很了解，出现问题我很清楚该怎么做，没关系的，我没必要因此紧张兮兮的，我要享受做母亲的快乐！”

（2）情绪上放松

如果妈妈感到“虽然在思想上我能说服自己，但我还是禁不住心跳加速、焦虑不安，难以控制自己”，就要学会自我放松。例如，掌握呼吸放松法或肌肉放松法。

- **呼吸放松法**就是进行腹式呼吸，也叫深呼吸。尽可能地吸进一大口气，让腹部膨胀，屏气2～3秒，然后再慢慢地、均匀地吐气、吐长气，暗示自己吐出心中的紧张、烦恼和不快乐。这样来回做若干次，就能大大改善心慌气促的状态。

- **肌肉放松法**也叫神经肌肉渐进式放松，通过充分绷紧肌肉，再放松肌肉，交叉体会紧张和放松的不同，最终达到放松的目的。肌肉放松法可以从手开始，也可以从手臂、眼睛、脖子、肩部或者脚开始。一般情况下，从手开始比较方便：先握紧拳头，握紧再握紧，紧得不能再紧了，然后慢慢放松手掌，并体会放松的感觉。

现代养育方式所带来的压力

• 精选案例

嘟嘟生下来时，妈妈的奶水不够，需要吃配方奶。开始孩子吃得少，妈妈就天天记录吃奶的时间，而且精确到分钟，不过后来没坚持下来。现在嘟嘟快2岁了，正是调皮的时候，在家不好好坐着，像猴子一样爬上爬下，出了门更是让人抓不住，好好的路不走，哪儿高低不平就往哪儿走，有时难免有个小磕小碰的，为此妈妈给他买了意外伤害险。妈妈觉得自己算是养孩子养得比较大意的，有个朋友的孩子从出生到现在，吃的都是有机食品，连喝的水都是在网上买的，朋友养育之精心让嘟嘟的妈妈自愧不如，她甚至觉得自己是个不称职的妈妈。

◦ 减压理由

世界上存在两种现象：一种是精准现象，例如机械设备、建筑工程、航天技术，都需要精准无误，才有安全保障；另一种是模糊现象，例如艺术创作、情绪感觉、心理倾向，不能用一把标准的尺子去衡量是非对错，允许其在一定范围内变化浮动，反而是尊重客观规律的科学态度。养育现象就属于后者。孩子吃饭的时间精确到秒、饭量精确到克，从表面上看很科学，实际上对于锻炼孩子逐渐增强的耐受力和延迟满足能力存在不利影响，而这两种能力恰恰在抗挫折的情境中对孩子的身体机能和心理健康具有安全保护作用。

◦ 减压处方

（1）精养适度，粗养也有益

孩子表面上看起来柔弱，但具有巨大的生命力量，这是大自然千百万年来生物进化积蓄的力量，过度精养反而干扰了生命成长的自然状态，降低孩子的自我调适与适应能力。我国有句俗语“若要儿常安，三分饿与寒”，说的就是这个道理。孩子饿了就会主动想吃，这是人的本能，普通的摔打滚爬也是锻炼生命活力的机会，家长不必过分担心。因此，科学的养育态度应该是精养适度，粗养也有益。

（2）相互交流，但不盲目攀比

孩子的早期养育是妈妈关注的焦点，况且现代社会的养育信息纷繁、婴儿产品层出不穷，家长之间有必要相互交流，但是没必要盲目攀比、追求时尚。并非最新的概念都是科学概念，也并非最贵的产品都是最好的产品，养育的心态淡定一些，养育的方式自然一些，孩子成长的本真力量会得到更好的释放。

孩子个体差异所带来的压力

• 精选案例

妈妈对妞妞充满了内疚，每晚回到家，都会把妞妞抱在怀里。前段时间，妈妈出差了几天，一进门就问妞妞“想不想妈妈”，妞妞回答“不想”，妈妈当时连辞职的心都有了。工作时挂念孩子，陪孩子时又操心工作，妈妈也知道这样不对，但又难以克制。前段时间，妈妈给妞妞报了个早教亲子班，班上的小朋友年龄都差不多，妈妈明显感到妞妞说话比别的小朋友少，吐字也不清晰，而且很害羞、胆小。跟她一样大的小姑娘都可以很大方地站在讲台上介绍自己，妞妞却必须妈妈陪着才行。现在每次在早教中心上课，妈妈都很认真地做笔记，平时注意和妞妞交流、讲故事，可是一个月过去了，效果并不显著。难道孩子真的在语言发展上有障碍？妈妈说，虽然自己并没有渴望妞妞以后成龙成凤，不过一开始就比别的孩子差，心里还是非常着急的。

◦ 减压理由

孩子的个体差异会给家长带来一定的压力。有的孩子天生就属于困难型或迟缓型气质，适应外界环境比较慢，容易发脾气，安抚难度大，家长因此会产生一定的挫败感。有的孩子与母亲是回避型或反抗型依恋关系，不是太黏妈妈，容易让妈妈感觉心酸、自责与内疚。有的孩子比较内向、安静，不爱表现自己，可能让妈妈觉得孩子不够自信、自己没教育好孩子。另外，孩子的发展速度有快有慢，如果自己孩子的发展速度暂时不及同伴，妈妈也容易急躁、焦虑。但个体差异是天生的，是孩子的特点，而不是缺点，妈妈减压的最大理由就是需要无条件尊重孩子的个体差异。

◦ 减压处方

（1）自然成长

0～3岁孩子的成长具有特殊性，他不吃“教育”这一套，只认“自身发展大纲”。著名心理学家和教育学家维果茨基说：“3岁前儿童教育的特点是，这一年龄的儿童是按他自身的大纲来学习的，他们所经历的阶段的顺序性，是由儿童从周围环境中攫取什么来决定。”这就是说，3岁前宝宝是以自我为中心的，他们学习什么，完全根据自己的兴趣和需要来选择，而不由家长的意志来决定。每个孩子的成长都有自己的时间表，相对早点或晚点都没有关系，家长急于干预反而欲速则不达。

(2) 发挥长处，厚积薄发

“金无足赤，人无完人”以及“尺有所短，寸有所长”都是客观现实，家长没必要扬长避短。0～3岁是宝宝脑发育和自我意识发展的关键期，发现孩子的兴趣和长处之后就应积极地进行鼓励与强化，帮助孩子建立自信心和积极的自我意识，给孩子的人生涂上亮丽的底色，可以有效地激活孩子全面发展的潜能，起到扬长促短、厚积薄发的作用。

家长期望目标所带来的压力

精选案例

欢欢的妈妈大学是学教育专业的，有一定的教育学与心理学方面的知识基础。为了孩子，她放弃工作，全心全意照顾孩子，决心尽全力做个好妈妈。平时，她把孩子的一举一动都记录下来，为深入了解孩子而仔细观察。有时在老公、婆婆那儿受了气，她也绝对不在欢欢面前表现出来，还给欢欢买了很多开发智能的游戏书，带领宝宝认真地做书上的每一个游戏。妈妈认为自己也算是个专业人士，如果带不好孩子，就真说不过去了。孩子一旦出现不如别人的地方，妈妈就会觉得是自己没教好孩子。妈妈现在的苦恼是：虽然自己一心想给孩子营造一个成长的好环境，但爷爷奶奶却不认同自己的教育方式，有时为一点小事就出现争执，而且爷爷奶奶的生活状态和教育观念是不可能改变的，要是能赶紧搬出去，单独与孩子住在一起就好了！

◦ 减压理由

期望值过高、目标过大的妈妈容易陷入完美主义的非理性思维误区，这样的妈妈成功动机强烈，但是心理压力也很大。因为她总在内心对自己说："我必须做到最好！""我的孩子应该优秀！""我的条件优越，我没有理由让自己落后于人。""我不可以失败，我一定得成功。"俗话说"刚则易断"，思维绝对化、缺乏弹性和变通力，一个小小的挫折就能对人的心情造成一次打击，经常被小事打击的人难以享受生活的乐趣与从容。事实上，有些地方不如人或者偶尔几次失败并不是糟糕透顶的坏事，无时无刻不想着超过别人，导致心理长期处于紧绷状态，十分不利于维护人的心理健康，所以早教重在尽心尽力而不是完美无缺。

◦ 减压处方

（1）自我反驳

目标过高、追求完美容易形成一种自动化的思维，这样的人不自觉地就会要求自己"必须""应该""绝对"。为此，家长要经常反驳自己的非理性思维，去掉这些绝对化、完美主义、以偏概全的词汇，换成可以接受的温和词汇。例如，"孩子怎么能这样？我接受不了，我必须得加强教育”，这种思维会造成目标压力。可以对之加以反驳，改为“虽然我不希望孩子这样，但是我还能接受，而且我可以试着帮助孩子慢慢改掉缺点”。

（2）家庭和谐

每个家长对孩子的要求目标是不同的，因此而造成家长之间的争执也是很常见的事情。不管谁对谁错，只要在孩子面前争执不下，造成“火并”或者“冷战”的气氛，均对孩子的健康成长存在不利影响。因为“家和万事兴”，早教作为家庭中的一件大事也是同理，当家长意见不统一时，需要背后商量，当着孩子的面则要保持一致，以维护家长的威信与家庭的和谐。

08 家长不成熟的心态

• 精选案例

幼儿园为庆祝儿童节需要临时排练一个节目，舞蹈老师就在各个班级挑选舞蹈小演员，晨晨没被选上。妈妈得知后就带着孩子一起去找舞蹈老师，问为什么没有选上晨晨，老师说排练时间比较短，舞蹈基础好的孩子才能演好节目。妈妈问：“晨晨非常喜欢跳舞，她的舞蹈基础怎么不好了？”老师认为晨晨的舞蹈基础不如其他孩子，但是为了维护晨晨和家长的自尊心，就说：“晨晨是挺喜欢跳舞的，跳得也不错，但是这次我们选择的是身高相似的小演员。”妈妈说：“你是说晨晨不够高，那可以站在前排嘛。”老师跟晨晨的妈妈耐心交流一番之后，还是没有同意晨晨演节目。妈妈问孩子：“晨晨，老师没选上你跳舞，你难过吗？”孩子点点头，没说话。妈妈接着问孩子：“我看你不难过，难过就跟老师说呀？”孩子不会说，就哭了。老师对晨晨的妈妈说：“您不能这样对待孩子。”妈妈急了：“我怎么对待孩子了？你怎么对待孩子的？”接着妈妈就当着孩子的面对老师表达了许多不满：孩子的自信心受到伤害，谁负责？为什么自己的孩子就不能得到照顾？即使孩子跳得不如别人，可以回家再练习，为什么老师就不给机会？最终经过幼儿园出面协调，晨晨参加了儿童节的其他节目，晨晨的妈妈这才同意。

晨晨的妈妈一贯很重视孩子的早期教育，但是她的个性不成熟，对孩子的健康成长造成了不利影响。她与丈夫的婚姻也出现危机，她不愿意离婚，曾抱着孩子威胁丈夫：“你敢跟我离婚，我就抱着晨晨从楼上跳下去。”晨晨的心灵受到很大的打击，很长时间都缄默不语、郁郁寡欢。

家长个性不成熟对孩子的消极影响很大

从生理的角度来说，只要成人就可以结婚生子，成为家长；但是从心理的角度来说，成人不等于成熟，家长也有合格与不合格之分。年幼的孩子对家长的依赖性很强，家长就是他学习和效仿的榜样，所以个性成熟的家长就为孩子提供了正面的学习榜样，个性不成熟的家长则为孩子树立了负面的学习榜样。

成熟是身心与个性全面发展的结果，是一个非常复杂的过程，需要个体以完整而健康的生活经验和良好的成长环境为基础，经过持续的独立思考、频繁的自我反省与不断的进步成长才能获得。年龄的增长、阅历的增加，甚至历经沧桑都不能确保一个人的发展是成熟的。严格地说，成熟是一个人持续一生的发展任务。因此，我们每个人都只是在相对成熟的状态下做了家长，必须主动反思并尽量减少自身的不成熟因素。这才是对孩子最负责任的家庭教育。

不言而喻，在以上案例中，晨晨的妈妈在人生观、世界观以及待人处世、思维方式和为人父母等方面不够成熟，对孩子的消极影响也是显而易见的。家长自身的早期经历、性格个性和情绪情感不仅仅是家长自身的特点，也是作用在孩子身上的教育力量，在与孩子相处的时候都会表现出来，并经由孩子的理解、吸收与模仿而转化为性格特点的一部分。俗话说“孩子是家长的一面镜子”，反映的就是这个道理。

彼得·D.乌西斯曾经说过：“婚姻的价值不在于大人养育了孩子，而在于孩子造就了大人。”华兹华斯则说得更加激进：“孩子为成人之父。”所以，伴随孩子一起成长，为孩子的健康发展而做自我改变，是家长不断走向成熟的必由途径。

家长心态不成熟的表现

◦父母角色意识没有完全到位

当一个孩子进入年轻父母的世界，会在生活、工作、心理和纯粹的事实上改变一个人，原有的习惯、方式、观念与平衡被打破，劳累困倦与欣喜兴奋参半，莫名烦恼与自我效能感并存，沮丧与希望交叉出现，家长必须有足够的身心准备，完整地接纳孩子并调动自我的力量，才能重新建立有了孩子之后的美好新生活。

◦家长性格偏执，对人生有偏见

性格偏执的家长常常表现为：对已经过去的不良事件记忆深刻、耿耿于怀，并得出固执死板的结论，在日常生活中敏感多疑、心胸狭隘，对别人的成就与荣誉紧张不安、妒火中烧，甚至出现背后说风凉话或者公开抱怨和指责别人的情况；自以为是，惯于把失败和责任归咎于他人和外在原因，同时又很自卑、苛刻，总是过多过高地要求别人满足自己的意愿；对他人和社会存有偏见，主观片面性大，分析问题缺乏客观性，总认为别人存心不良，故意为难自己。这种性格的人通常家庭不和睦，与朋友、同事相处不融洽，令周围的人对他敬而远之。

◦家长存在不良的行为习惯

行为习惯是体现在日常生活中方方面面的一贯的行为方式，综合反映家长的生活经验、教育背景、文化修养等个人特质，是孩子耳濡目染的“视频素材”，是家长不用教、孩子就自动学习的天然教材。因此，家长一定要注意矫正自己不良的行为习惯，如生活散漫没规律、说话粗鲁带脏字、有家庭暴力现象、随地吐痰、随手乱扔垃圾、不尊重老人和服务人员、任意插队、吸烟喝酒过多、看电视或玩网络游戏过多、饮食习惯不健康、家庭环境杂乱无章等。

◦ 把工作上的消极情绪带回家发泄

工作上不顺心是常有的事情，善于情绪管理的家长会把它控制在工作场所，情绪管理不成熟的家长则可能把消极情绪带回家发泄，形成“踢猫效应”。

TIPS

踢猫效应

某公司董事长超速驾驶，被警察开了罚单，他很恼火。回到办公室时，他将销售经理训斥了一番；销售经理莫名其妙地挨训之后，气急败坏地对秘书的工作挑剔了一番；秘书无缘无故地被挑剔，积了一肚子怨气，就故意找接线员的麻烦；接线员垂头丧气地回到家，对着自己的妻子大发雷霆；妻子则对儿子大发脾气；儿子非常恼火，狠狠地踢了家里的猫。心理学把这些发泄消极情绪的连锁反应称为“踢猫效应”。

踢猫效应说明人的不满情绪可能会沿着由强至弱的等级依次传递，处于最弱势的个体会成为消极情绪的最终受害者，但情绪管理成熟的人则可以避免这一心理现象。

◦ 把家庭与婚姻矛盾带给孩子

家庭教育不仅仅是家长与孩子之间的事情，而且是涉及家庭环境和每个成员之间关系的复杂系统工程，家长自身的成熟对于妥善处理家庭矛盾和家庭教育非常重要。现代家庭矛盾主要包括婆媳矛盾、夫妻矛盾以及邻里矛盾。这些都属于成人世界的是非，孩子难以正确理解和分辨他们之间的关系。毫无遮拦地在孩子面前暴露这些矛盾，会让孩子感觉困惑、无所适从。尤其是夫妻矛盾对孩子的消极影响至深，孩子的自我意识和自信心会受到挫伤。因此，家长要妥善解决这些矛盾，避免孩子成为家庭与婚姻矛盾的牺牲品与“替罪羊”。

◦ 存在自动化的非理性思维

已有的生活经历和社会阅历会造就家长的观念与思维习惯，如果家长对自己的个人历史不满意或者看待与分析问题的思路有偏颇，就会出现一些非理性思维，而且这些非理性思维会反复、自动地呈现在脑海里，暗地里指引人的观念、态度与情绪。例如，“社会处处充满了危险，我必须教育孩子多加小心”“我不能容忍别人的攻击，必须立即给予反击，孩子从小就不能吃亏”“我很成功，我的孩子绝不可以平凡无奇”“孩子应该尊重我，不可以拒绝我”“孩子必须听我的话，否则长大以后就更加难以管教了”“孩子今天竟然没得第一，真是糟糕透顶”等。这些非理性思维的共同特点是：以偏概全，绝对化，完美主义，一旦不如意就感觉受不了、糟透了。它们对情绪管理和早期教育具有很大的误导作用。

◦遇事情绪化，不冷静

情绪化的性格在不同人的身上表现不同：有些人的情绪化性格具有一致性，无论家里还是家外，都是如此；有些人则具有两面性，在外面彬彬有礼、很有理性，在家里则脾气暴躁、很情绪化。有些老师在学校对待学生很有耐心、循循善诱，回到家里对自己的孩子却缺乏耐心、容易着急上火。不管怎样，情绪化对待孩子都是不公平的，只顾宣泄自己的情绪而不管别人的感受是自私的。**教育孩子是家长修身养性的一部分，控制自己的情绪，尊重孩子的人格，养成与人平等交流的习惯，是为人父母成熟的重要标志。**

◦家庭道德优越感过强

优越感是人之常情，人们在各个方面都有可能出现优越心理，如美貌优越感、年龄优越感、地位优越感、学历优越感等。这些优越感很容易被人们意识到并加以控制，以利于协调人际关系，但家庭道德优越感不容易被人觉察，从而成为控制人们的情绪、情感与态度的潜在因素。例如，丈夫认为自己在外辛勤奔波，是为了给家庭提供更好的生活条件，于是视妻子的家务操劳为理所当然，把教育孩子也当作妻子一个人的事情；母亲认为自己为了孩子而牺牲了许多就业、升职、进修的机会以及无数休息、休闲的时光，于是视孩子遵循自己的愿望与意志为理所当然，把孩子的个性与逆反当作对自己的背叛。一旦产生这种道德优越感，就意味着心理失去平衡，把道德当作一种“投资”和“交换条件”，以自己的付出和奉献换取家庭事务的话语权和家人的服从与回报，否则道德受益人就会感觉到愧疚与自责。常听家长对孩子说：“我这样做都是为了你好，你不要不识好歹，好好想想吧……”事实上，孩子合理的情感、需求与愿望可能已经被忽视了。

实际上，为家庭奉献应该是每个家庭成员的自觉态度和自律精神，是应尽的责任与义务，并不是没能履行合格家庭角色的借口，也不是要求别人服从自己的砝码。有意识地控制家庭道德优越感，有助于丈夫更加自觉地履行父亲的角色，有助于母亲采取更加民主的教养方式，家庭气氛因此更加轻松、自由与和谐，更有利于促进孩子健康成长。

PART 3

14 种对孩子的情绪管理法

01 接纳法

精选案例

琳达随爸爸来到中国，上了一所幼儿园，她有些不适应。一个月以来，每天见她背着小书包跟在爸爸后面，到了教室门口，该告别了，她与爸爸拥抱一下，走进教室，又回回头，爸爸看着她挥挥手，她的小嘴撇了撇，但是没有哭出来。她折回来，又与爸爸拥抱一下，爸爸热情地接纳了她，并说了一句“I love you.”。然后琳达又走到教室门口，再回回头，爸爸仍然看着她挥挥手，她的小嘴又撇了撇，还是没有哭出来。她再次折回来，与爸爸拥抱一下，爸爸热情地接纳了她，并说“I love you.”……每天都是这样重复地进门、折回、拥抱、说“I love you.”，然后再进门、折回、拥抱……有时三四次，有时五六次，一直到最后女儿放心地进了幼儿园，爸爸也放心地去上班。琳达班级的老师和家长都知道这位来自美国的爸爸非常有耐心，也有的家长半开玩笑半认真地说：“真够磨叽的，也不嫌麻烦！”

孩子常常检验自己是否被接纳

琳达为什么每天多次重复进门、折回、拥抱这一程序呢？仅仅是舍不得离开爸爸吗？实质上，琳达的行为和心思远远超过这一点，她在反复探索自我，检验自己是否被爸爸接纳。对于上幼儿园的适龄孩子来说，她在理智上已经明白上幼儿园的必要性，也明白上幼儿园是好孩子的表现，爸爸是喜欢好孩子的。但在情绪情感上，她还无法控制自己的分离焦虑。她真的不想上幼儿园，可是这样她就不是好孩子了。而现在自己一会儿进门，一会儿又折回，爸爸看见自己的表现了，那我还是不是一个好孩子呢？爸爸还喜欢我吗？琳达通过反复试验发现，自己进门是好孩子，自己折回不是好孩子，而爸爸一直都热情地拥抱自己，这说明不管自己是不是好孩子，爸爸都是喜欢自己的，爸爸对自己的爱是无条件的。这个结论对琳达太重要了，在矛盾的情绪斗争中，她得到了爸爸的理解、尊重、宽容和关爱，因而获得成长的力量，最终跨过分离焦虑这道坎。

“磨磨叽叽”的琳达在探索自我，可是不理解的家长认为“真够磨叽的，也不嫌麻烦”。因此，不少家长采取送孩子进班然后扭头就走的果断态度，这样孩子哭一阵子发现没有什么用，就不再哭了，最终也能适应幼儿园生活。但这一适应过程是孩子在渴望遭遇绝望的心理体验中度过的，并且这些心理体验是被忽视、拒绝和否定的，会让孩子感觉被忽略、被拒绝甚至被抛弃。

TIPS

接纳给予自我成长的力量

成长的一个重要任务是接纳自己。在早年人生中，别人对孩子的接纳程度直接影响他对自我的接纳程度，家长的接纳能够给予孩子自我成长的力量。接纳有时可以直接解决孩子的问题，因为被接纳的孩子心情会变得平和，他马上就有能力自己解决问题；接纳有时是解决孩子问题的基础，孩子明白应该怎么做，但就是控制不住自己的情绪，是家长的接纳让他们感觉自己被理解、被宽容而且又没有损失自尊与家长的爱，放松的心情让他们恢复了改变自己的力量；接纳还塑造了良好的亲子关系，被接纳的孩子对家长产生浓厚的好感和信任，会自觉自愿地与他们沟通、配合，否则他们会对家长产生回避、敌对或者抗拒情绪，这种亲子关系是无助于解决问题的。

所有的情绪都值得接纳

情绪有积极和消极之分，有平静和激动之分，有轻松和紧张之分。家长都希望孩子是积极的、平静的、轻松的，不希望孩子是消极的、激动的、紧张的。消极情绪让孩子难过，使家长难堪，所以当孩子遇到事情想不开而出现低落、郁闷或者激动等情绪时，有的家长不愿意接纳他的情绪，甚至认为孩子不应该这样，因为这样做是没有教养的表现，继而否定、压抑孩子的情绪。实际上，情绪因情境而产生，是人们经常出现的自然心理状态，都应该得到理解和接纳，不仅孩子需要家长这样对待自己，其实我们所有人都希望别人这样对待自己。在被接纳的过程中，孩子体验到家长对自己的爱是无条件的，家长不会因自己的所作所为和情绪好坏而拒绝对自己的爱，因而获得了最基本的安全感以及自我成长的空间。

接纳法的操作要领

接纳作为建立亲子关系和情感沟通的第一关，不需要太多口头语言，主要借助大量体态语言传达接纳的态度。接纳的关键点在于无论孩子处于什么情绪，家长都要站在孩子的角度理解他的感受，而不是站在自己的角度表达自己的感受。

◦ 简单的口头语言

用“嗯”“噢”“我明白了”“是吗”“原来是这样”等表示对孩子的理解。此外，还可以用简单的语言反映孩子的心情（而不是家长的心情）：“你生气了，是吗？”“妈妈知道你很难过。”诸如此类简短的语气词或话语，就可以换来孩子的信任和平静的心情，帮助孩子走出无助、无奈、孤独的心境。

◦ 丰富的体态语言

眼神、表情、站姿、语气、语调以及双手、双臂等整个身体的各种肢体动作，都是体态语言，传达着肯定或否定、接纳或拒绝的态度。家长应把握体态语言的尺度，做到温和而坚定，这样能给孩子传达明确但又不可怕的信息。

◦ 给予足够的探索次数

自己被接纳，不是家长的一句话或者一个眼神就能马上确认的，孩子需要多次、反复的尝试与探索。因此，家长要有一定的耐心适应孩子的速度与节奏，就像琳达的爸爸那样，为孩子准备充足的自我探索空间。当然，长期被接纳的孩子，以后就不会磨磨叽叽了，他已经养成良好的习惯，能迅速识别家长的接纳态度，亲子沟通的效率也就大大提高了。对于还没有养成接纳孩子习惯的家长，亲子之间的磨合期就会比较长。

◦ 接纳的态度要真诚

让孩子感觉到的接纳才是真诚的接纳，它靠家长真实的情感与态度，而不仅仅靠表面的语言。例如，在送孩子上幼儿园的时候，孩子噘着嘴不跟家长进班，有的妈妈说："妈妈理解你不想上幼儿园，那你也应该理解妈妈不能在家陪你，所以你得上幼儿园。"结果孩子还是不进班，妈妈说："妈妈理解你，你怎么不理解妈妈呢？"妈妈的"接纳"以交换为条件，还有质疑的态度，这种仅仅停留在语言层面的接纳是不会让人感到真诚的。真诚的接纳是无条件的，这样才能真正让孩子感到被理解。

◦ 接纳不等于接受与迁就

情绪本身是没有对错的，但情绪的表达方式可能有对错，因为情绪是人的自然反应，而情绪的表达方式要符合社会规则与习俗。例如，发脾气是可以理解的，但如果发脾气的方式伤害了别人，就是不被接受的，家长不能迁就孩子随意发泄情绪。妈妈可以用平静的表情接纳孩子的情绪，但用坚定的语气拒绝孩子表达情绪的方式：“妈妈知道你心里很难过，但是妈妈不喜欢你那样说话（或踢打），我们能不能想想其他好办法呢？”妈妈的表情和语气使孩子既得到了情感支持又受到了理性引导，让孩子理解家长的爱虽然是无条件的，但又是有原则的。正如琳达的爸爸一样，他用温和的态度接纳孩子不愿意上幼儿园的情绪，但又用坚定的态度支持孩子上幼儿园的行为。

02 共情法

精选案例

天天有一间很大的儿童房，还有很多玩具。有一天他和妈妈邀请壮壮到自己家里来玩。玩着玩着，因为抢夺一辆颜色鲜艳的小汽车，两人打了起来。天天的妈妈阻止天天说：“你是小主人，应该让着客人。”天天哭着大声说：“不对，这玩具是我的，他得听我的！”妈妈说：“是你主动邀请壮壮来玩的，你不让着客人，以后人家就不来玩了。”天天说：“不玩就不玩！”他伸手去推壮壮，还说：“你走！你走！”妈妈很生气，使劲推了天天一把："你这孩子不讲理，我们都不理你了！"天天说："不理就不理！"然后把房门锁上，自己待在屋里哭。天天的妈妈尴尬地向壮壮和他妈妈道歉："这孩子脾气特别拧，壮壮别计较。"壮壮的妈妈说："壮壮做得也不对，你们抢什么抢？现在谁都玩不成了吧？"壮壮说："是我先拿到小汽车的。"壮壮妈妈说："不许狡辩！谁先拿到手就是谁的吗？你们不会一起玩吗？"壮壮挨了批评，噘起了小嘴。结果这场聚会不欢而散。

发脾气的孩子最需要共情

一般情况下，人们都认为不管什么理由发脾气终归是不好的，有话可以好好说，有问题可以好好解决，发脾气不但无济于事，还可能会把事情搞得更糟。因此，孩子发脾气的时候，家长通常的做法是批评教育孩子，然后耐心地给孩子讲道理，让他明白自己的错误，争取以后不要再犯。实际上，这种教育效果往往不佳，孩子并不知错也不认错，下次还会再犯。就像天天和壮壮一样，他们仍然认为自己是对的，对妈妈的管教并不服气，因为他们觉得自己的道理并不比妈妈的道理差。教育问题出现的关键在于家长没有意识到"以理服人"的前提是"以情感人"，也就是与孩子共情。

TIPS

关心发脾气的孩子

发脾气的孩子是情绪脆弱的孩子，他们在情绪与认知的内心冲突及困惑上比不发脾气的孩子强烈，承受的心理压力也更大。他们更需要家长设身处地地共情，给予他们情绪上的安抚与帮助，但是他们常常因为闹情绪和难以自控而遭到家长的扼制与批评。外在的压力可能表面上平息了孩子的脾气，但是加剧了孩子内心的冲突与困惑，因为家长的道理并没有让孩子的道理消失。冲突与困惑作为没有解决的心结潜伏在孩子意识深处，成为暗暗支配未来行为的潜意识。

共情就是站在对方的角度来理解对方，就好像感受到对方的情绪体验一样，并用恰当的方式表达出对对方的理解。每个人都有共情的需要，希望对方能够理解自己，孩子也是一样。然而在很多情况下，孩子的处境并不如成人那样宽容和放松。当做错事而感到心里不舒服，或者被误解而感到委屈的时候，成人可以向知心朋友倾诉，或者求助于心理咨询师，这样成人就得到了知心朋友或咨询师的共情。但孩子做错事的时候，首先面临的是接受教育，因为自己的想法和感受被认为是不成熟的、需要正面引导的，再加上孩子不会主动倾诉或咨询，所以孩子得到的共情远远少于成人，他们只能默默地承受心理压力。

共情架设心灵沟通的桥梁

共情是家长降低自己的心理年龄，返回人生的原点，根据孩子的阅历、理解能力、做事方式以及情绪调节水平来理解孩子的心灵，进而感受到孩子的困惑烦恼与喜怒哀乐。与孩子共情的家长不会觉得孩子的行为是不可理解的，也不会认为孩子的事情无足轻重或者孩子在小题大做；得到家长共情的孩子觉得自己得到了理解与尊重，进而对家长产生信任与安全感。有了这样的心理基础，孩子的心情才会平静下来，理智与认知才能恢复正常水平，才有可能进一步接受家长的批评与教育。

因此，在孩子发脾气或者孩子之间发生冲突的时候，家长首先要与孩子共情。天天的妈妈可以这样与孩子共情——

妈妈蹲下来，看着天天，帮助孩子说出自己的心里话："你和壮壮都喜欢这辆小汽车，是吗？"妈妈观察孩子的反应是否认可自己的解读，如果孩子没有异议，则继续交流，交流中要蕴含孩子能一步一步应答的推理："如果壮壮拿了小汽车，你没有拿到，你会不高兴，是吗？""如果你拿了小汽车，壮壮没有拿到，他是高兴还是不高兴？""如果壮壮不高兴了，他还愿意玩吗？""如果壮壮不愿意玩了，你还能与他玩得高兴吗？""你觉得是小汽车重要呢，还是与壮壮玩得高兴重要？"

在这个情感沟通的过程中，妈妈对天天喜欢小汽车以及得到小汽车就高兴等情绪进行了共情，同时还引导天天共情壮壮，即引导天天从自己得不到小汽车不高兴去感受壮壮得不到小汽车也不高兴的情绪，从天天接受妈妈的共情到天天给予壮壮共情。孩子在情绪与认知上的冲突都得到了化解，而且这种化解是孩子内在的领悟，不是外在的灌输。共情改变了妈妈的强权教育，也促进了孩子的自我成长。

共情法的操作要领

◦ 共情需要抛却自己的立场与成见

共情之法在于抛却自己的立场与成见，站在对方的角度去感受对方的思考与体验。做到这一点不容易，因为每个人都有自己独特的思维方式和情绪体验，我们不容易很快、很准地了解对方的心灵世界，也不容易很快、很准地找到合适的共情表达方式，让对方感觉到我们的共情。因此，共情是一个双方共同探索的过程，在不断互动交流中达到理解与沟通。

◦ 共情是共鸣，不是评价和说教

共情不是一句简单的“我理解你”之后，立刻转为“但是”，继而以“正确的道理”来判断和评价孩子的是非对错，然后等着孩子点头或者默认，再很快付诸行动，知错就改。实际上孩子没有被理解，自己的想法和情绪没有机会澄清，他也并没有心领神会自己为什么发脾气，发脾气到底给自己和别人带来什么不愉快，结果囫囵吞枣地被迫接受家长的说教。共情要让孩子产生心动与共鸣，感觉自己的想法和情绪在自己的心里和家长的眼里都有存在的理由。家长可以用“你现在的感受是……因为……”“你的意思是……”“你想说的是……”等句式，帮助孩子说出心里话。如果孩子的语言表达能力比较强，家长可以鼓励孩子自己表达心声，用“我愿意听听你的想法”等句式支持孩子倾诉。

◦ 接受共情与给予共情相辅相成

共情是理解别人的能力，需要克服以自我为中心的思维方式，走进对方的心理世界。这对于年幼的孩子来说不是一件容易的事情。因此，家长在日常生活中给孩子树立共情的榜样是孩子感受与学习共情的基础。同时，理解与共情是相互的，给予别人共情的孩子能更好地体会和理解别人给予的共情，所以家长平时要多引导孩子理解别人的想法与体会。例如，有时奶奶没有及时给孩子准备所需要的东西，妈妈可以跟孩子交流："奶奶今天累了（或身体不舒服），不能帮助你，我相信你能自己做。"当孩子的需求没有得到满足的时候，家长可以引导孩子从对方的角度去理解和宽容对方。

◦ 通过阅读培养共情能力

绘本是培养共情能力的有效途径。绘本含有丰富的人物角色和心理活动，经常给孩子阅读绘本能提高孩子理解他人心理活动的能力。如果家长有意在亲子共读时做一些提问，效果会更加明显。例如，当故事情节出现波折的时候，家长先不读出书中所写的内容，而是停顿一下，卖个关子，激发孩子的思考，比如问："天气突然变冷了，小猴该怎么办？它是怎么想的？""小猴没有找到妈妈，它心里是什么感觉？"即使孩子的思考与书中不一样，也应该得到家长的鼓励，开放的自主阅读更有益于培养孩子多角度思考的能力。

◦ 共情不等于同意与同情

共情是站在对方的立场上理解对方，但不等于同意对方的立场。有时家长为了暂时平息孩子的情绪，甚至讨好孩子，可能会把共情操作为同情。例如，孩子之间发生了争执，如果家长对孩子说："我理解你，这是你的玩具，他却来抢，真不像话！""他怎么能欺负你呢？算了，别哭了，不跟他玩了，妈妈陪你玩。"诸如此类的安慰和"打抱不平"都不利于孩子提高认知和情绪调节水平，以及人际交往能力。

03 调整认知法

• 精选案例

这天上幼儿园时，清清从家里带来一只"平衡鸟"，只要把鸟嘴立在指尖上，它就能保持平衡——开始还摇摇晃晃的，一会儿就平稳了，把它放在胳膊上、桌角上都可以。小朋友见了都想尝试一下。清清发现自己的好朋友天天没有找她玩，就主动走近天天："你看这只鸟好玩吗？"天天不看也不说话。"天天，我可以让小鸟站在你的指尖上。"清清说着就拿起天天的手，准备放小鸟。天天把手一甩："我才不要什么破鸟！"小鸟被甩到了地上，清清哭了起来。老师过来问怎么回事，清清哭着说："他扔我的小鸟。"天天大声反驳："我不想要（小鸟）。”老师把清清拉到一边说：“天天早上不高兴，正在生气呢！等他不生气了，你再找他玩，好吗？”清清委屈地点点头，走开了。

认知是情绪管理的前提

清清满腔热情地找天天，却遭到了天天的拒绝，以致产生冲突。当老师向清清解释之后，清清理解并接受了老师的建议，说明孩子知道人的情绪有一个规律是生气的时候不想玩。问题出在清清没有认识到天天生气了，也就没想到天天只想自己待一会儿，不想被人打扰，哪怕是盛情的邀请也不愿意接受。可见，认知是情绪管理的前提。

认知自己和他人的情绪，并在情绪认知的基础上调节情绪以及与他人情绪的关系，是情绪管理的重要内容。认知情绪不是一件容易的事情，远比认识月亮、太阳、电视、苹果困难得多。因为情绪是人的心理活动，认识外在物质世界可以用眼睛看，用耳朵听，用手触摸，用鼻子嗅，认识内在心理世界则需要孩子用心灵去感悟和体验。不仅是孩子，很多成人有时都不明白自己的情绪是怎么回事，也难以体察别人的情绪状态，结果懵懵懂懂地撞进情绪误区，碰了一鼻子灰出来，莫名其妙、尴尬、委屈、难过、懊悔、恼火甚至愤怒等情绪油然而生。

提高情绪认知水平的策略

◦ 学习描述情绪的词汇

孩子的情绪体验是丰富的，但是认知比较单一，这是因为他们很少有机会学习表达情绪的词语，这也是许多成人的知识缺陷。单一、贫乏的情绪认知让人难以觉察自己的情绪，也难以分辨别人的情绪，容易出现迷惘与困惑。

如前文所述，在一项针对5岁儿童的情绪认知调查中，孩子们只能将故事主人公丰富的情绪体验粗略地概括为高兴和不高兴、生气和不生气，而主人公在高兴情绪中所表现出的具体细节，孩子们却描述不出来。但经过启发与引导，孩子很快就能认知这些情绪，并在类似的故事中表现出刚刚取得的进步。初级的情绪认知教育就是帮助孩子掌握“心中有、嘴上无”的准确词汇。

家长可以在读书、讲故事的时候丰富孩子的情绪认知。现在很多绘本中都会涉及情绪反应，有情绪故事和情绪词汇，家长读到此处时应给予特别关注，引导孩子联系故事加强理解。久而久之，孩子的情绪词汇丰富了，情绪认知水平和情绪词汇的应用水平也会随之提高。

◦ 根据孩子的体验给情绪命名

情绪是孩子生活的一部分，他会与各种各样的情绪不期而遇，家长及时给孩子的情绪命名会大大提高孩子的情绪认知水平。尤其是当孩子处于消极情绪的时候，家长给他的情绪准确命名，意味着他得到了家长的理解，他的情绪压力当即就会缓解很多。例如，当孩子气得把画纸撕了，家长的第一反应不应该是："你在干什么？不许撕画！画不好可以再画，不能发脾气！"应该是："妈妈看出来了，画得不好，你很气恼。"妈妈可以接着指导孩子："气恼的时候可以歇一会儿，自己安静一下就好受了。"孩子就明白原来自己这个样子就是"气恼"，也明白了气恼的时候可以做什么，进而尝试了一种情绪管理方式。如果批评、指责和禁止孩子自然涌现的情绪，会压抑孩子的内心感受，不但使孩子无法明白自己的情绪是怎么回事，还叠加了妈妈的批评与指责，他就难以明白自己的难受是缘于自己的气恼，还是缘于妈妈的情绪与态度，下一步是该摆平自己的情绪还是妈妈的情绪，孩子更加茫然和无措了。

◦ 逐步培养孩子情绪的独立性

最初，孩子的情绪是与家长的情绪共生共存的，孩子会把家长的情绪当成自己的情绪，家长高兴他也高兴，家长伤心他也伤心，这是孩子自我意识尚未发育、对成人有很强依赖性的体现。这种情绪依赖帮助孩子丰富了情绪体验，但是过度依赖会阻碍孩子长大成熟。情绪成熟的一个重要方面就是关注他人的情绪，但未必与他人情绪共振，否则孩子就无法形成独立的人格。因此，当大人在外面遇到不顺心的事情，回家可能还处于冷淡、懊恼、烦躁或愤怒等情绪状态，并把消极情绪转移到孩子身上时，孩子会感觉错误都在自己身上，因而自我、自尊和自信都受到挫伤和打击，长此以往将危害孩子的身心健康。所以，家长要敏感地意识到自己的错误，并向孩子道歉："宝宝，对不起，是外面的事情惹妈妈不高兴了，宝宝没错，宝宝是好孩子。来，妈妈跟宝宝一起玩。"如果再遇到自己无精打采而孩子发出游戏邀请的时候，可以直接对孩子说："宝宝，妈妈现在累了（或心情不好），想自己待一会儿，你先自己玩，好吗？"这些都是培养孩子情绪独立性的过程，孩子从中就会逐渐认识到妈妈和自己是两个人，妈妈的情绪与自己的情绪可以不一样。

情绪独立性发展好的孩子不但能区分出自己和家长的情绪，还能尝试安抚家长的情绪。一个4岁的男孩从妈妈的语音、语气、语调和神情态度中感觉出妈妈不高兴了，但他没有与妈妈共生消极情绪，反而拿出一本书说："妈妈生气了，看这本书就开心了。"

◦ 不断尝试解读孩子的情绪

• 精选案例

一个5岁的小男孩看见自己喜欢的小女孩朵朵，边喊边跑向她，但是不小心摔了一跤，哭了起来。妈妈赶紧把他扶起来，帮他拍掉身上的灰，还摸摸他的腿、手和脸，关心地问："疼不疼？不疼不疼，没关系的。"但是孩子哭得更厉害了，还用脚踢妈妈。妈妈说："这孩子真不像话，自己摔跤了还赖别人！不管你了，自己疼去吧。"孩子哭得更大声了。这时老师走过来，对他说："朵朵没看见你摔跤，还不赶快去。"男孩果然擦擦眼泪去找朵朵了。

对于一个5岁的孩子来说，跑步摔跤不是大事，自己就能迅速爬起来，妈妈以为孩子哭的原因是摔疼了，真实原因是孩子很恼火自己连跑步这点小事都没做好，还会被朵朵发现，真是太没面子了！妈妈的扶、摸和安慰都把自己当小孩看，大大误解了自己，自己不争气的腿脚和妈妈的做法都大大伤害了自己，所以他的情绪反应越来越糟糕。但老师正确解读了他的心理，男孩睁开眼睛一看，朵朵果然在自己玩，没有发现他摔跤，所以他的懊恼情绪马上释然了。

情绪是隐藏在内心的神秘符号，自己不易发现，也不易被人准确解读，对于语言表达能力还较弱的孩子来说更是如此。所以，家长不容易在一开始就准确解读孩子的心理，这需要家长从多个角度不断尝试解读孩子，这个过程既提高了家长对孩子的情绪认知水平，也锻炼了孩子对自己情绪的认知水平。

04 延迟满足法

• 精选案例

女儿月月出生了，张女士多年的愿望终于实现了。家里有奶奶还有保姆，大家共同对月月细心照顾、关怀备至，妈妈更是每时每刻都守候在月月身边，月月的每一个动作和表情表达的是什么愿望，张女士都知道。如果月月饿了，她马上就把女儿抱在怀里喂奶，总是手脚麻利地第一时间满足女儿的需求，月月很少因为等待妈妈喂奶而着急过。

杨女士就没有张女士那么幸运了，她一直都是自己一个人带着女儿悠悠，而且她没法进行母乳喂养。所以当女儿要吃奶的时候，杨女士赶紧给女儿热奶，但终究没有母乳喂养回应速度快，她又不忍心听到女儿嗷嗷待哺的哭声，于是一边为孩子准备奶，一边安慰孩子："别着急，妈妈正在为宝宝做饭，悠悠是妈妈的乖宝宝，香喷喷的饭就要好了。好了，好了，就要好了……"悠悠的每一顿饭都是在妈妈的哄劝声中等待到口的。

不同的满足方式产生不同的心理影响

饿了就要吃奶，还不会说话的孩子用哭声来呼叫妈妈喂奶，这是他出生以后不学而能的本领。妈妈喂孩子吃奶似乎也是一个再自然不过的行为，但研究发现，喂奶不是简单的喂养行为，不同的喂奶方式会对孩子产生不同的心理影响。

张女士属于立即满足型。如果张女士的女儿总是处在"衣来伸手、饭来张口"的优越环境，不曾有过任何等待的心路历程，那么她对生活的期待标准也一定是很高的，她认为自己的心理需求应该得到满足，而且要立即得到满足。但是孩子的未来生活和人生不可能事事如愿，所以长此以往的后果是孩子对未来的挫折预期不足，应对挫折的能力和素质在日常生活中也没有机会锻炼。一方面，追求完美已经成为她的心理习惯；另一方面，挫折经常出现，所以她会很有压力。而家长更有压力，因为他们需要培养孩子新的心理素质与能力。

杨女士属于延迟满足型。她不能立即满足女儿的需求，使得女儿每天都需要等待，但每天的等待都会有结果，这逐渐培养了她等待的信心以及对外界环境的忍耐、宽容和安全感。等待对婴儿来说就是遭遇了挫折，就是心灵的煎熬，而短暂的等待不但不会损伤孩子的饮食和成长发育，而且对他的心理素质是种锻炼。这样的孩子从吃奶的时候就在体验一种生活：挫折是难免的，但是有妈妈温柔的帮助，有自己的努力，挫折总是可以克服的，孩子积极乐观的心态在妈妈无意识的喂奶行为中逐渐形成。

延迟满足帮助孩子学会情绪管理

包括孩子在内的任何人都会不断地产生各种需求，并通过不同方式获得满足，满足需求的不同方式对人的行为方式和性格特点会产生不同的影响。按照需求产生与需求满足之间的时间差，可以把人类需求的满足方式分为提前满足、立即满足、延迟满足和永不满足四大类。其中，延迟满足是最有意义的情绪管理法。

提前满足是家长在孩子产生需求之前就给予满足。例如，孩子还没有饿，妈妈就喂饭；孩子在商场还没有想要玩具，家长就买下了；孩子自己玩得很好，家长不停地指导和干预等。过多的提前满足容易对孩子的自然成长造成干扰，孩子可能会不懂得珍惜，也难以体验知足常乐的愉悦情绪。

立即满足是家长在孩子产生需求的第一时间就马上给予满足。例如，孩子用手一指，家长立刻把玩具送到手里；孩子哭了，家长赶紧去劝哄等。过多的即时满足难以培养孩子的耐心和毅力，形成想要什么就得立即得到什么的自由倾向，不愿意接受规则的限制。很多家长反映孩子脾气急，都是立即满足的教养方式调教出来的。孩子通常会用哭声表达自己的需求，而在成人文化里，哭声是难过痛苦的信号，怎么能让孩子难过痛苦呢？妈妈就在身边，随时都能回应孩子的呼唤，于是孩子的哭声越少就越增强妈妈的成就感，但是渐渐地，妈妈就纳闷了，孩子怎么那么缺乏耐心、那么不擅长等待呢？怎么稍不如意就大发脾气呢？其实，孩子未必天生就是这个脾气，主要因为妈妈一直在用立即满足“培养”孩子的急脾气。

延迟满足是家长在孩子产生欲望之后创造一定的积极等待时间再给予满足。例如，孩子用手一指，妈妈知道他想要什么，但还要与他进行一定的交流再满足他：“宝宝想要什么？是想要布娃娃吗？妈妈现在正忙着，宝宝可以自己去拿吗？”“妈妈接完电话再给你拿，宝宝等妈妈一会儿。”这个过程不但有利于促进孩子的语言理解与表达水平，而且让孩子明白自己有自由，也要尊重别人的自由和彼此的行为规范。

延迟满足既尊重孩子的自由，又帮助孩子接受规则，实际上也是帮助孩子把尊重自己与尊重他人结合起来。除了一些特殊状况需要立即满足以外，一般情况下家长都可以采用延迟满足提高孩子的自我管理能力。例如，孩子大声呼叫家长做某件事，在排除安全顾虑以后，家长可以远远地答应着，但并不马上过来，等一会儿过来了，还要问问什么事情，等孩子说清楚了再与他商量解决问题的办法。孩子的情绪管理水平就是这么一分一秒在等待中增强的，而等待之后必然有结果，这也使孩子对克服困难有了信心和想象力。

永不满足则是家长拒绝满足孩子的需求，它对孩子的影响取决于家长对孩子需求的合理性和不合理性判断得是否正确与科学，以及拒绝孩子的态度是否适宜。

延迟满足的操作要领

◦积极应答却不立即满足孩子

杨女士是在无意识中采用了延迟满足的喂养方式，我们可以在生活中经常有意识地先用声音回应孩子的需求，这也是在发挥延迟满足的积极作用。当孩子用哭声表达要吃奶的时候，妈妈远远地用声音答应着："妈妈就来了——"妈妈的脚步声也告诉孩子妈妈马上就到。到了之后妈妈拿着奶瓶再跟孩子聊两句："宝宝饿了，该吃奶了！""宝宝吃奶，白白胖胖。"这样可以拖延几秒钟以培养他的延迟满足能力，有助于锻炼孩子的耐心和脾气。

先用声音回应孩子的需求却不会立即满足他，虽然孩子可能还在哭，但是他知道自己的需求已经得到妈妈的回应，这种积极应答方式让孩子处在积极等待状态；对孩子应答冷淡、不理不睬则不同，这是让孩子进行消极等待。积极应答伴随着孩子可以理解的声音、动作和神态等各种信号，所以孩子的等待是充满希望的；消极等待中的孩子是很茫然的，经常产生无聊、无奈的心理。所以，从喂奶推广到喂养，再推广到平时的许多生活养育环节，家长的积极应答、孩子的积极等待是锻炼良好心理素质的关键。

◦帮助孩子提高做事的计划性

延迟满足需要调动孩子理智战胜情感的力量，也就是说孩子明白的道理越多，越愿意遵守规则与规定，越有控制自己情绪的意志力。这其中一个重要道理就是做事要有计划性与目的性，因此家长不但需要拒绝孩子的不合理要求，还要经常培养孩子有计划、有条理地做事，提高孩子的自律意识，帮助孩子逐步内化行动计划、行为规则与自然规律，培养他有耐力的心性。例如，带孩子去超市，为了避免孩子见到喜欢的食品和玩具就想买，家长可以事先与孩子商量好，列一张购物清单，不在清单上的东西不能买，培养孩子克制冲动、遵守约定的意识。如果孩子看见新鲜的东西还是不想走，家长可以承诺下次再来买。孩子养成做事有计划、有目的的好习惯，他无理取闹、乱发脾气的机会就会大大减少。

◦用闹钟帮助孩子学会等待

如果妈妈总是说“等一等”“别着急”，有时可能对孩子依旧没什么效果。有的孩子甚至会反过来模仿妈妈用“等一等”“别着急”来拖延做事，如该吃饭或者该睡觉了，他们也会这样来“延迟”。如果孩子出现这种情况，家长就把语言提示改为闹钟提示，跟孩子说：“我知道宝宝还想玩一会儿，但是该吃饭了，妈妈再给你3分钟时间，闹钟一响就得过来。”这样既限定了孩子延迟满足的时间，又不让孩子感觉妈妈在随意延长时间，用客观的第三者——闹钟做裁判，可以避免亲子之间产生情绪上的冲突，培养孩子守时、守诺的好习惯，而守时、守诺的孩子往往情绪稳定、不易冲动。

◦做“石头剪子布”的游戏

“石头剪子布”是用偶然法则来决定输赢，因为公开、公平而让输家服气并接纳对方，进而控制自己的欲望和情绪。生活中常常出现孩子与家长软磨硬泡、步步为营，为自己争取利益与权限的情景。例如，家长说再玩10分钟睡觉，孩子说再玩20分钟，为了避免以后孩子做事总是跟家长讲条件、故意磨蹭，在不违背基本原则的情况下，家长可以与孩子做这个游戏。这就意味着不是孩子说了算，也不是家长说了算，是游戏的输赢结果说了算，最后大家都得遵守赢家的约定。常玩类似游戏的孩子，会更加尊重自然法则，较有理性，不易乱发脾气。

◦养成排队与轮流的好习惯

人人都想在第一时间使自己的愿望得到满足，但是无规则的争先恐后会造成混乱，所以大家必须养成排队、轮流和等待的行为习惯，可以说延迟满足是适应社会生活需要的一个基本涵养。家长可以在同伴游戏、人际交往中培养孩子的延迟满足能力。例如，家长带孩子去社区里荡秋千，已经有小朋友在那里了，家长就要引导孩子明白先来后到、排队等待的规则，让孩子学会克制自己、延迟满足荡秋千愿望的急切心情。家长平时还要以身作则，在各种生活场景中做到排队不加塞、等待不催促、轮流不争抢，为孩子树立遵守规则、延迟满足的好榜样。

05 自编故事法

精选案例

佳佳3岁半，非常聪明，喜欢读书，知识丰富，常说自己是个“快乐的小天使”。老师在幼儿园讲的故事、教的数学知识，她经常一听就会了，然后就不再认真听老师讲课——有时随便说话，有时离开座位走动。为了维护课堂纪律，老师就请她当小老师给小朋友讲故事，她很开心。而有时做不了小老师，她仍在班里随意走动。有一次，她把其他小朋友也带得离开了座位，影响了老师讲课。老师很生气，就把她的鞋子扔进了垃圾桶。妈妈指出佳佳有不对的地方，但佳佳说老师不能扔自己的鞋。她喜欢看《猜猜我有多爱你》，以前把老师比作长耳朵兔子妈妈，可她现在说老师不是了，还问妈妈：“你能不能给我买一本老师为什么扔鞋的书？”这件事之后，佳佳一直闷闷不乐，说自己不再是个“快乐的小天使”。妈妈该讲的道理都讲了，但是仍然不能让女儿快乐起来，怎么办呢？

自编故事是符合孩子个性的情绪管理法

孩子们都爱听故事，故事不但让孩子充满快乐、想象力丰富，而且还具有心理治疗作用，很多专业心理咨询师都会采用故事疗法帮助儿童或者成人缓解心理压力，走出情感困惑。故事疗法并不神秘，很多家长已经不知不觉发挥了讲故事对孩子的特殊作用。例如，有的孩子会要求家长反复讲一本故事书，只要家长耐心地讲下去，孩子总是会兴趣盎然地听下去，这是因为故事书满足了孩子的某种心理需求，他把故事的主人公想象为好朋友甚至自己，反复倾听的过程就是反复感同身受的过程，孩子觉得自己得到了关注、理解与尊重，心情得以缓和，认知得到澄清，所以常给孩子讲故事有助于他情绪、情感的健康发育。

但并不是孩子的所有需求都能在现成的故事书中得到满足，因为孩子的生活是非常丰富的，每个孩子遇到的具体事件也是不同的，情绪反应也千差万别，所以自编故事才能满足孩子个性化的需求。案例中的佳佳很爱读书，她希望有一本书能帮助自己解决目前遇到的麻烦，于是主动要求妈妈给自己“买一本老师为什么扔鞋的书”，然而哪里可能正好有这样一本书呢？但是妈妈又不忍心孩子为这件事纠结，因此**最现实和最有效的办法就是自编故事讲给孩子听，让新故事与孩子的生活及情绪体验密切相连，帮助孩子走出情绪的阴影。**

自编故事法的操作要领

◦从孩子的情绪事件入手

当孩子正在被一件事情困扰的时候，家长及时从这件事入手，会强烈地吸引孩子的兴趣与注意力。因为孩子爱听故事的心理机制是投射，也就是把虚拟的故事与人物当成现实的生活和自己的生活，把自己的生活、情感和认知投入到虚拟的故事中，通过别人的故事反观自己的心灵，进而获得抚慰与成长。家长可以把孩子平时喜欢和熟悉的植物、动物或者事物当作故事的主角，增强故事的亲近感。

◦ 充分反映孩子的心理体验

自编故事应该是孩子的心灵故事，而不是成人的说教故事，也就是充分接纳和反映孩子真实感受的故事。说教故事则是回避孩子的真实感受，简单地强加给孩子“正确的想法”的故事。例如，佳佳对老师的不理解、误解甚至怨恨，自己的委屈和难过，甚至想要报复老师的“坏想法”（这个情节需要根据孩子的现实表现而定，孩子有则编进去，无则不要添加）都要在故事里细致展开，这样才能让孩子感觉到这个主人公就是自己，这个主人公是真实可信的，不是瞎编乱造的。这样的故事有助于她放松自己，因为心存“不可告人”的坏事情、坏心情或者坏想法都会让孩子产生心理压力。必要的时候可以邀请孩子参与创编故事，给孩子自由表露心灵的空间，让孩子感觉自己虽然现在很糟糕，但是被亲爱的家人理解和接纳了，进而获得面对现实、努力成长的力量。

◦ 给孩子积极的暗示与引导

充分反映孩子的心理体验，并不是迁就孩子的自然感受，所编故事要促进孩子的心灵成长，需要编入孩子所不知晓、不理解的事实与心理活动，丰富孩子的感知，为孩子突破自我奠定基础。例如，佳佳从自我的角度体验到老师的不适宜行为，但是还不能从老师的角度体验自己的不适宜行为，更难以体验到成人有一种爱并不是和颜悦色，而是生气、愤怒和惩罚。虽然爱的形式变了，但是爱的心意没变，要想让爱恢复和颜悦色，孩子和成人都得想办法，都要从自己做起。这种教育不是生硬的说教，而是积极的暗示与引导，更容易为孩子所接受。

◦ 不能贴负面标签和单调说教

讲故事是一种教育无痕的巧妙方法，能够帮助孩子在听故事的过程中自己去感悟与判断，所以家长不要代替孩子的感悟与判断，早早地给主人公贴上一个负面标签，这样容易唤起孩子的自我防御心理，他会联想到家长是不是在批评自己，接着可能就不想听故事了。因此，家长要以尊重孩子的自然感受为原则，通过故事多方面展开每个人物的不同心理，让孩子领悟到人与人是不同的，而且每个人的想法都有一定的道理，自己也应该理解和接受别人的不同想法，这样才能与人相处得快乐，并且从不同人的想法中获得启发，了解人与人之间的多种相处技巧。

TIPS

自编故事要符合孩子的心理

有的家长发现，一跟孩子讲与他生活类似的故事，他就不爱听了。例如：孩子尿过床，一听是尿床的故事书就扭头走了；孩子爱发脾气，一遇到小动物生气的故事就不看了。出现这种情况主要是两个原因造成的：一个原因是家长曾经批评、训斥或反复唠叨孩子，过多的厌恶刺激会激起孩子的逆反与逃避心理；另一个原因是故事的说教性太强，孩子的心理压力没有得到理解与消化。自编故事要达到帮助孩子调节情绪的效果，需要两个重要前提：一是家长对孩子保持理解和接纳的态度，没有过分批评孩子的过错；另一个是故事的目的不是向孩子灌输道理，而是帮助孩子从积极的角度看待这件事，通过改变认知的方法管理情绪。

06 表扬鼓励法

精选案例

明钰是家里三代单传的宝贝，爷爷奶奶、姥姥姥爷和爸爸妈妈自然对他宠爱有加——孩子要什么就给什么，想怎么样就让他怎么样。溺爱之下的孩子一般脾气都比较大，明钰也不例外，闹起脾气来，全家人都哄着他。妈妈一有点批评的意思，爷爷奶奶就说：“没事，他爸爸小时候就这样，长大就懂事了。”因此，孩子很不听话，保姆带他也不容易，非常累。最近，保姆发现一种小零食能让孩子变得听话，孩子一闹，她就拿小零食与明钰做交换，不闹就给，闹就不给。有一天，明钰在家里又胡闹，家人谁劝也不行，他突然说："阿姨给我吃的，我就听话了。"没有办法，保姆只好把小零食拿出来。明钰的妈妈一看，是小商店卖的杂牌零食，很不高兴地对保姆说："你怎么给孩子买这个吃？这里面有各种添加剂，对孩子生长发育不好，孩子得吃正规厂家的名牌产品。"保姆说："那些东西太贵，而且家里也有，他不稀罕，就这东西能让他听话。"妈妈说："这样不行，以后不能让他吃这个！"保姆说："明钰太调皮，我实在没有其他办法让他变得乖一点。"妈妈没有再说话。

过度表扬对情绪管理有危害

现在很少有家长愿意采用"棍棒底下出孝子"的严厉教育方式，很多家长都愿意对孩子采取温和、宽容、表扬、奖励等正面教育方法，这本身是一个可喜的变化。但在现实生活中，看起来简单的表扬奖励法很容易被过度操作，结果适得其反。而现在很多孩子都或多或少地存在娇气、霸气、脾气大、没耐心、抗挫折能力弱等现象，都与娇宠溺爱的教养方式有关。

小孩子对小食品和小玩具是非常喜欢的，拿孩子喜欢的小东西作为交换条件确实具有立竿见影的效果，孩子会为了得到它而控制自己的欲望和脾气。但这种效果是暂时的：一方面孩子很快就会对一贯出现的事物失去新鲜感；另一方面他的情绪管理不是内化规则的结果，而是外在物质利诱的结果。实际上，**家长帮助孩子管理情绪的最终目标是令孩子学会自我管理，遇到问题自己能够妥善处理，**而不总是依赖物质奖励、依赖他人迁就，否则孩子难以获得控制自我的内在心理力量。

当然，情绪管理常常会遇到手足无措、情非得已的时刻，需要物质奖励作为权宜之计。偶尔为之不会对孩子造成危害，长此以往才会有害。即使偶尔为之，了解各种奖励的种类及其对孩子的不同影响，慎重选择“偶尔为之”的物质奖励，也是很有现实意义的。

TIPS

精神奖励优于物质奖励

总体来说，消费性物质奖励不如操弄性和拥有性物质奖励，更不如活动性物质奖励，但这些都不如精神奖励，例如拥抱、抚摸、微笑、注视、发奖状、讲故事、亲子玩耍、口头夸奖（聪明、能干、好孩子）等。孩子越大越需要精神层面的鼓励。家长要从小培养孩子对精神奖励的满足感和愉悦感，帮助他渐渐摆脱对物质奖励的依赖。

消费性物质奖励：糖果、饼干、饮料、水果、巧克力等一次性消费物品。

操弄性物质奖励：布娃娃、玩具汽车、图画、卡片、气球等孩子爱反复玩弄的物品。

拥有性物质奖励：在一段时间内孩子可以拥有、享受的物品，比如小狗、小猫、电脑、钢琴、小提琴、漂亮的衣服、纪念品、文具盒等。

活动性物质奖励：看电视、做手工、拍球、去公园等休闲性质的活动。

不要滥用表扬和奖励

表扬和奖励对年幼的孩子具有很强的诱惑力，但是家长不能滥用，只有当他真的有了突破，能够战胜自己，这时的表扬才有价值，才能激发孩子的学习动机。如果孩子不需要经过太大的努力就能完成一项任务，家长就没有必要对孩子表现出欣喜若狂、赞不绝口的态度，这样必然会助长孩子的自满情绪，长久下去也无法让他体会到表扬带来的激励之情。奖励的效果也是如此，它也不是任何时候都适用的法宝，没有任何奖励可以使孩子永远心满意足。家长的奖励可能只针对这一次的行为，但孩子会自然地推理："爸爸妈妈下次还会奖赏我吗？是否会奖得更多呢？"如果家长忽视了一次奖励，孩子会认为他浪费了自己的努力，进而失去自我管理的动力。

表扬和奖励需要适度、适时、适宜

甜言蜜语挂嘴边，对孩子说了太多的"好"与"是"，以致孩子成了“顺风耳”，只愿意听赞美、逢迎和好听的话，听不进去否定和批评，不利于形成正确的自我意识。可见，表扬和奖励是一种看起来操作简单但又不好把握分寸的教育方法。有的家长担心：表扬孩子太热情了吧，怕他滋生骄傲情绪；太冷淡了吧，又怕他感受不到父母的肯定。所以，表扬和奖励孩子的关键在于夸奖与批评是否适度、适时、适宜。

适度的要领在于表扬是对孩子中肯的评价，不是随随便便赐给孩子的廉价物；批评是针对孩子的行为，而不是他的人格。金无足赤，人无完人。我们不要在孩子表现好的时候欣喜若狂，把孩子表扬得“一塌糊涂”，对孩子的缺点视而不见；也不要在孩子调皮恶搞的时候怒发冲冠，把孩子批评得“一塌糊涂”，对孩子的优点视而不见。

适时的要领在于孩子小时候与长大了对表扬与奖励的需求是有差异的：学龄前儿童的自我意识还不够独立、心智发展还很稚嫩，小小的表扬与批评就可能让他们“心潮澎湃”，他们尤其需要借助表扬建立自信，甚至需要“预支表扬”以明确自己的努力方向，所以即便有时家长的表扬超出了孩子的实际表现也会促进孩子的成长。随着孩子渐渐长大，这种方式就渐渐不利于他们的自我意识走向独立、现实与成熟，他们需要逐步理解与接受逆耳的忠言既是一种批评，也是一种表扬，还是家长和老师对自己的关爱、信任与期望。

适宜的要领在于家长的夸奖就是孩子的行为标准，千万不要夸错了，否则他会把错的当成对的，想改过来就得付出很多努力。如果孩子为了自己方便而干扰别人，家长觉得他聪明；如果孩子在争斗中过度还击，家长认为他赚了；如果孩子为了玩耍而损害公物，家长照样鼓励……那么，孩子心中的是非标准就会模糊、混淆甚至颠倒，这样无论如何也夸不出好孩子。

父母、祖辈和老师的表扬要相互配合

爸爸妈妈、祖辈和老师是表扬、奖励孩子的主要执行人，多方相互配合，能使教育效果加倍。

- 爸爸妈妈。爸爸妈妈是孩子最信赖的人，孩子最看重爸爸妈妈的评价，能得到父母的表扬会使孩子的成就感大大增强。现实生活中父母表扬孩子时会出现一些不好的倾向。有的父母对孩子要求过严，常常不愿意“轻易”表扬孩子；有的父母又在表扬方面简单化了，他们常常给了孩子奖品就完事，不再多说奖励的原因以及孩子值得欣赏之处，失去了一个加强教育的时机。

- 当孩子的祖辈负责看护的时候，对孩子的要求常常与父母不一致，造成教育观念和方法手段上的差异。做父母的要特别注意与孩子的祖辈沟通，双方要对孩子有统一的要求，不能在同一件事上一个表扬，而另一个批评，这样会混淆孩子的是非观念，形成看人行事的不良性格。

- 在孩子的心里，老师是相当有威信的。孩子越小，这种威信越强，教育的影响力也越大。但是因为老师进行的是集体教育，每天面对几十个学生，不一定能及时发现孩子的点滴进步和长处，父母可以主动寻找老师配合，告诉老师自己对孩子的新发现，与老师共同关注孩子的成长。当老师发现了孩子的优点和进步的时候，如果在班会或其他公共场合表扬孩子，会极大增强孩子的自信心和前进的动力。因此，父母要善于利用老师这一有巨大影响力的教育资源，共同把孩子教育好。

TIPS

表扬不要过度

表扬让孩子觉得自己很能干，批评让孩子认识到自己还需要锻炼。如果只用表扬和鼓励手段，会强化孩子以自我为中心的思维特点，形成唯我独尊、任性固执的性格特点，在生活中稍微遭遇一点挫折，就生气难过，甚至自暴自弃。这个结果是过度表扬孩子的家长始料不及、不愿看到的。父母对孩子要严慈相济，严肃地对待问题行为，同时当孩子表现好的时候，父母要诚恳地表扬他。这就既告诉了孩子不能做什么，又告诉了孩子能做什么。

07 批评教育法

● 精选案例

老师说天天又闹事了。上午小朋友在活动区玩的时候，他把小朋友的鞋藏起来；画画的时候，他先碰了一个平时很老实的女孩的头，然后又用水笔在人家身上画。晚上放学的时候，老师与家长交流了孩子的情况，爸爸妈妈一边道歉一边说：“你们对他太好了，这孩子喜欢欺负对他好的人。你们不能对他这么好，得严厉点，他不听话就打他。在家里就是这样，谁打他，他就怕谁。”老师说：“不能打孩子，孩子越打越不听话。”家长却说：“没关系，老师也是为了孩子好，要不是看在老师的面子上，我早打他了。”

“打是亲，骂是爱”对孩子来说是不可思议的

“打是亲，骂是爱”是一句流传千古的谎言。很多人成功之后总结的宝贵经验之一就是父母当年对自己十分严格的管教。人们觉得虽然孩子可能一时不理解，但是他长大了、成功了，就明白父母这样做是对他好。然而，这是成人理解问题的方式，它超越了孩子的年龄特点。因为理解这种情感表达方式需要成熟的逆向思维，即把看似不亲爱的打骂看成亲爱的表达方式，还需要孩子具有透过现象看本质的抽象思维水平，抛却情感表达的方式，关注情感表达的动机——只要动机（爱）是好的，方式（打骂）出点问题，也是可以理解的。有逆向思维和抽象思维作为基础，“打是亲，骂是爱”才会在孩子的心目中合情化、合理化。儿童心理学的研究成果表明，孩子的具体形象思维发达，抽象逻辑思维还未成熟，在他们的思维活动中，打骂就是打骂，把打骂逆向和抽象为爱是不可思议的。已经有研究表明，长期生活在批评惩罚环境中的孩子容易形成两种性格：一种是自卑与退缩，另一种是攻击与暴力。

TIPS

适度批评合法、合理

众所周知，批评惩罚孩子有很多负面作用，所以有些家长不忍心批评惩罚孩子，造成一些家庭和学校溺爱甚至讨好孩子，不敢批评、不敢管理甚至放任孩子的倾向，导致孩子只愿意听好话，不接受批评，只喜欢顺境成功，拒绝挫折失败的状况出现。这对孩子的行为习惯、心理素质和健全人格的形成都具有消极的影响，很多家长和教育工作者为此深感困惑。2009 年 8 月，教育部下发了《中小学班主任工作规定》，其中提到“班主任在日常教育教学管理中，有采取适当方式对学生进行批评教育的权利”。可见，采用批评方式教育孩子的合理性得到了有关部门的支持与保护。

批评教育法的科学含义

尽管惩罚在社会生活领域广泛存在，但它与惩罚作为一种教育手段的定义不尽相同，人们对此还有很多误解。

批评惩罚并不是非打即骂的教育方法，其科学含义就是某一行为的结果导致了这个行为在将来发生的可能性大大减少的过程。例如，孩子把手伸到热水里被烫疼了，以后他就知道不能用手摸热水了。“被烫疼了”作为行为的后果大大减少了他以后把手伸进热水的可能性，这个过程就是惩罚，它具有使人停止某种行为的作用。而一般人所理解的惩罚，不仅有希望行为停止的含义，还包括某种报复或报应的因素，被看作做错事的人应得的。日常生活中的惩罚与教育心理学所使用的惩罚含义相差甚远。科学的惩罚态度是理性、坚定和冷静的，嗓门不大、语速不快、表情从容、不情绪化，不是成人发泄不满、唠叨抱怨、威胁恐吓的手段。

批评教育法的适宜操作方式

◦ 承担自然后果

每种行为必然产生后果，自然产生的不满意后果本身就具有惩罚意义，它首先让孩子感觉不舒服、不愉快，其次促进孩子反思自己的行为，为他以后调整自己的行为提供依据。例如，该吃饭了，孩子还在玩玩具，磨磨蹭蹭的，家长跟孩子说清楚，其他人吃完饭就收拾碗筷，如果孩子没吃上，妈妈也不再等了，只能饿着。如果孩子不听，家长不能心软再提供饭菜，让他承担不吃饭导致饥饿的自然后果，他下次就知道按时吃饭的重要性了。让孩子承担自然后果的时候，家长要说到做到，坚持到底，不能代替孩子承担惩罚后果。

◦ 承担人为后果

并不是所有的行为都有明显的自然后果，这种情况下可以让孩子承担人为后果，即当问题行为出现的时候，拿走一定数目的强化物或者剥夺若干次游戏机会，该问题行为会因此减少出现或不再出现。例如，宝宝和贝贝是一对双胞胎，买什么东西自然都是双份的，然而两个男孩还是经常争斗，把家里闹得天翻地覆。父母去给两个孩子评理，也评不出个谁是谁非来。看来问题的关键是孩子没有学会自己解决问题。经过咨询，父母改变了教育策略，每当两个孩子发生冲突的时候，父母也不批评他们，只是平静地说：“由于你们不能和平相处，我要收走你们的玩具（相同的）各一个。”然后，家长给他俩讲解决冲突、相互妥协的办法。如果他们再次发生冲突的时候能自己解决的话，就把玩具还给他们，否则继续没收其他玩具。就这样，两兄弟渐渐学会了和平相处。

让孩子承担人为后果要注意以下三点。

- 拿走哪个强化物、拿多少，或者剥夺哪个游戏、剥夺多长时间，家长要适可而止，只要能对问题行为产生抑制即可，不可过度。
- 强化物是立刻失去还是延迟失去？孩子在失去强化物之前，父母可以口头警告或者用积分法（见后文“积分法”）中的“记账”，这种延迟惩罚也具有阻止不良行为的作用。
- 强化物怎样返回？在收走强化物的同时，要用语言讲解或者用行为示范解决问题的正确方法，以确定强化物返回的条件，达到这一步，孩子已经学会了怎样解决问题。

◦撤销关注

孩子生气、赌气、发脾气的一个重要心理动机是试探家长的容忍度，吸引他们的注意力，满足自己渴求安慰和关爱的心理需要。如果这个时候家长发脾气，正好迎合了他的心意，以后他还会采取此法吸引家长的眼球；如果家长不发脾气，假装视而不见，孩子发现此法没有得到满意的结果，以后很有可能减少甚至放弃此法。这个过程就是撤销关注，即家长撤销对孩子不良行为方式的关注，通常也被称为“冷处理”。撤销关注并不是鼓励家长对孩子漠不关心，而是当孩子为吸引家长眼球故意调皮捣蛋时采用的教育策略，这与时时关注幼儿、爱护幼儿的宗旨并不矛盾。

撤销关注对孩子具有惩罚抑制作用，如同“种瓜得瓜、种豆得豆”的道理，如果种了瓜得不到瓜，种了豆得不到豆，下次此人就不会再种瓜、种豆了。对于孩子来说也是如此，如果他发现蛮横无理根本不管用，得不到家人的关注，他就不会再用这种畸形的方式来博得父母的关心。孩子“人来疯”“出风头”“就地打滚”等现象都是这种心理的体现。

使用撤销关注法要注意以下三点。

- 要多次使用方可见效。不能指望每次撤销关注都会有效地制止孩子的不良行为，孩子在变好之前可能变得更坏，还有可能出现反复。因为撤销关注一方面会激起孩子的抵触情绪，另一方面他可能尝试多次才发现仍不能“制服”大人，所以成人要有思想准备，不能间歇使用。使用撤销关注法要始终如一，如果间歇使用实际上就变成了“间歇强化”中的“变时强化”或者“变数强化”，这样不但不能矫正孩子的不良行为，反而会令他们更加胡搅蛮缠、无理取闹。这也是教育不能“忽冷忽热”“忽左忽右”的道理。

- 家庭成员要措施一致。如果祖辈的行为与爸爸妈妈不一致，孩子在这边受到袒护，在那边受到冷落，教育效果就会极为糟糕。因此，在实施撤销关注之前，家人要结成统一战线。

- 要与表扬鼓励配合使用。对孩子的不良行为撤销关注，当孩子出现适宜行为时要及时地补充关爱和赞赏，这是在教育孩子明白是非：自己的哪些方式是家长不赞成、不喜欢的，哪些方式是家长赞成、喜欢的。

TIPS

避免惩罚的负面影响

惩罚是施加给孩子的厌恶刺激，会造成他心理上的负担。孩子需要疏散心中郁结的不快才能恢复平常心，而且不同个性的孩子排解压力的方式不同，有时还会出现不健康的状态，需要家长多加注意。

胆小怯懦的孩子被惩罚后，常常用哭泣等自我封闭的方式排解压力。家长对孩子的不良反应要密切关注，不可让孩子将其泛化为恐慌和畏惧的心理。

自尊心强烈的孩子被惩罚后，容易产生攻击性行为，将怒气发泄到其他人或物上，而且不会预见自己的行为后果。家长要注意保护孩子的安全。

聪明的孩子为了逃避惩罚，可能学会用撒谎来保护自己。家长要善于识别，但不要羞辱孩子。

为避免惩罚的负面影响，家长要记住 8 个字：适可而止、既往不咎。

◦ 身体限制

当孩子闹情绪伴随攻击打人、摔打物品、拍头自虐等行为时，家长要紧紧地抱住他或者把孩子拉走，通过控制他的身体活动使行为不再继续。这个方法并不新鲜，家长都用过。比如，当孩子打人或有破坏行为的时候，立即把孩子拉过来，阻止他的身体活动。但家长不必打孩子，因为家长采用身体限制的方法就足以使他明白自己的行为是不正确、不受欢迎的。

◦ 适度隔离（见后文“隔离法”）

08 区别强化法

• 精选案例

秋安是个聪明的小男孩，可是从小体弱多病，因而家长对他的关注和照顾都很精细，这也娇惯了他的坏脾气。因为他一发脾气，大人就以为他身体不舒服，跑来嘘寒问暖。4岁以后，秋安的体质增强了，不常生病了，可是他爱发脾气的坏习惯依然如故，经常因为一点小事就生气、哭闹。爸爸妈妈耐心地与他讲道理，可这对秋安根本就不管用。家长眼看着人小脾气大的秋安束手无策。

经过求助专业人员，秋安的爸爸妈妈改进了策略。每当秋安发脾气的时候，家长就说：“你可以发火，但是你必须到自己的房间里去。”秋安的儿童房没有危险物品，而且光线、通风都很好。每当秋安一发脾气，家长不责怪也不费口舌讲道理，而是果断地把他领到自己的房间里待着。这个房间门可以关也可以不关，这个权利交给秋安把握。

训练了一段时间，秋安发脾气的场合就固定在自己的房间里。这一行为稳定以后，爸爸妈妈提出了更高的条件：以后发脾气不但只能在自己的房间，而且次数也受限制——上午和下午只能有一次发脾气的时间。如果秋安能达到这个要求，家长就进一步限制发脾气的时间，一天只给一个时间段让秋安发火。

渐渐地，秋安动不动就发火的行为少多了，性格倾向发生了改变。

区别强化就是用递减原理管理情绪

众所周知，家长注意到孩子乱发脾气的时候，往往已经不是第一次出现这种状况了，甚至已是“积重难返”。这种消极情绪的调节与管理通常难以出现立竿见影的效果，家长心急火燎也没有用，最好采取科学方法帮助他逐步减少习惯性的情绪管理方式，直至孩子不再依赖消极方式管理情绪。

区别强化就是设计一个递减程序，在一定时间、一定范围内容忍孩子的消极情绪表达方式，以达到逐步减少直至最终停止不良行为的方法。家长有必要认识到孩子不良行为的形成“绝非一日之寒”，矫正起来不能“一口吃个胖子”。如果幻想孩子一下子抛弃坏毛病，不但实施起来不容易，还容易引起孩子的消极反应，比如挫折感、焦虑感和紧张情绪等。

区别强化法的操作要领

◦ 设计递减程序是关键

每个人都会对自己天长日久的习惯产生依赖，要求孩子一下子告别坏习惯是一件很困难也很痛苦的事情，而减少坏习惯比告别坏习惯会让他感觉容易接受得多，信心也会增强许多。当然，他也会体验和感恩于家人对自己的理解、宽容与爱护，能够避免在教育管理过程中出现亲子关系紧张的局面。因此，设计一套逐步减少坏习惯的程序是区别强化法的关键。

秋安发脾气先后经过四次可接受范围的调整。

第一次可接受的范围是：必须回到自己的房间里去。

第二次可接受的范围是：以后发脾气不但只能在自己的房间，而且次数也要受限制。

第三次可接受的范围是：进一步限制发脾气的时间，一天只给一个时间段让秋安发火。

第四次可接受的范围是：渐渐地，秋安动不动就发火的行为少多了。

显然，每一个新范围都比上一个范围要窄，这就达到了逐步改变孩子发泄情绪方式的目的，最终使孩子的情绪管理方式获得改善。

◦ 可接受范围需要亲子双方都能接受

每个范围是否可接受，既要考虑家长的情况，也要考虑孩子的情况，而只考虑某一方的情况都不能产生良好的效果。如果家长一下子确定不准范围的界限，就得像做科学实验时一样，慢慢尝试，直到孩子和家长都能接受。另外，在一定范围内容忍孩子，绝不是纵容孩子，家长心中要坚定必须想办法令孩子身上的毛病得到改正的信念。

◦ 对孩子的反复性要有心理准备

不要指望对孩子提一次要求就能达到目的，他会“屡教不改”。“屡不改”只能“屡教”，别无捷径。而且当家长最初几次对孩子的不适宜行为进行管教时，他的坏脾气会闹得更厉害，这就是孩子的行为特征，家长千万别被吓着，以为自己从头到尾都不对。不对也可能是在“可接受范围”上定得不适度，根据孩子的反应做些调整就行了。一定要坚持到底。

◦ 冷静是实施区别强化法必备的心理素质

秋安一发脾气，家长不责怪也不费口舌讲道理，而是果断地把他领到自己的房间里，房间门可以关也可以不关，这个权利交给他把握。这是很“酷”的管教风格——理性而不情绪化：废话不多，管教起来干净利落，不拖泥带水，同时也没有大动肝火地发脾气。如果孩子发脾气，家长发更大的脾气，就成了亲子同唱一台“PK”脾气的糟糕大戏。

◦ 考虑安全但又不被安全因素束缚

对孩子的教育管理要以安全为前提，同时又不能因为安全问题而束缚了教育管理的力度与进度。现在家长都知道把孩子“关黑屋”是有害的，但是安安全全地“关亮屋”是一种教育策略。“秋安的儿童房没有危险物品，而且光线、通风都很好。”**考虑安全但又不被安全因素束缚了手脚，是情绪管理产生良好效果的前提。**

09 行为契约法

• 精选案例

受联合国教科文组织的委派，身为《芝加哥快报》编辑总监的道格拉斯先生来中国做教育援助。他讲述了发生在自己身上的真实事情。

道格拉斯先生有一个5岁的女儿叫琼妮，虽然他已经协议离婚，但是还像以前一样爱小琼妮。他曾经多次与女儿探讨人最宝贵的品质是什么，最终父女俩达成共识——诚实、善良和勇于承担责任。

一天，小琼妮把幼儿园里的拼图游戏板偷偷地带回家，并撒谎说这是同学给她的。毋庸置疑，撒了谎就要接受惩罚，这是父女俩有约在先的。小琼妮除了退回幼儿园的玩具并当面道歉外，还要接受三选一的惩罚：一是一星期内不能吃冰激凌；二是取消周日下午中央公园的滑草游戏及野餐活动；三是接受“肉刑”——在屁股上狠狠地挨两巴掌。

小琼妮只用了5秒钟就决定接受第三种惩罚。尽管道格拉斯先生不愿使用体罚，并给第二次机会让琼妮重新选择，但是琼妮绝不放弃吃冰激凌和周日游玩的机会。此外，父女俩还找了一个“监刑官”，以证实惩罚是承担过错的必然结果，并且没有伤害受罚者的尊严。

仅仅过了一个星期，道格拉斯先生不得不接受了同样的“肉刑”。

由于周日晚上需要处理一些工作上的事情，道格拉斯先生一直干到凌晨3点才休息。周一早上8点多，琼妮叫醒了他，结果10点多他们才赶到幼儿园。老师微笑地问：“琼妮，你为什么迟到了？”道格拉斯先生脱口而出：“哦，昨天小琼妮玩累了，今天早上贪睡了一会儿，请原谅。”小琼妮立刻反驳，眼里噙着泪水：“不，爸爸，你在撒谎，我没有贪睡，是你贪睡。”道格拉斯先生很窘迫，并向老师和女儿道歉自己说错了。“不，爸爸，你要接受惩罚，现在有两种方式可以选择：一是取消本周末与辛蒂小姐（道格拉斯先生刚认识的女友）的约会；二是接受‘肉刑’。”琼妮很执着。道格拉斯先生不能与女友取消约会，但又想蒙混过关，先是贿赂女儿：“要不这样，爸爸在感恩节的时候给你买一双新的滑草鞋。”这一招没有让女儿动摇。道格拉斯先生又说："现在缺少一个目击者见证你的惩罚没有伤害我的尊严。"琼妮的老师马上说："如果琼妮同意，我愿意做这个'监刑官'。"于是，道格拉斯先生不得不在大庭广众之下，撅起屁股，领教行为契约中的"肉刑"。

行为契约法具有很强的监督管理作用

亲子之间不仅要有富含理解与包容的融融亲情，还要有公正平等的精神。只有这样，才能培养出诚实守信的好孩子。行为契约对诚实守信、自我控制具有很强的监督管理作用。

契约本是证明出卖、抵押、租赁等关系的文书，具有很强的约束力。家庭生活中的契约有书面形式的，也有口头形式的，虽然不是法律文书，但它也是一种公众制约形式，要求签约人采取一定的目标行为，对履行义务具有提醒、暗示和监督作用。对习惯于光说不做的人，把行为要求明确规定下来就增加了他们实施行为的可能。

行为契约法所使用的契约关系不是法律意义上的"签字画押"，而是作为一种教育方法或手段意义上的"君子协议"。即使它并不像法律条文那样严格、正规，仍对亲子具有约束力，避免了口说无凭和随意更改，体现了亲子之间讲诚信、相互尊重和平等的人格关系。因此，可以说行为契约法是现代家庭追求民主、平等关系的一个载体。

行为契约法反映了两个层面的亲子关系：家长与子女之间在教育

地位上的不平等关系以及在人格地位上的平等关系。对于孩子而言，家长是教育活动的发起者，在教育目标和内容的选择上体现出自上而下的教育者与被教育者之间的关系，这种不对等关系保证了家长的教育责任和权利。同时，家长在生活中也会犯错误，也应该接受孩子的质疑、监督和批评，还要尊重孩子的独立人格。在这一点上，亲子之间又是平等的。

但是对于孩子而言，家长常常觉得孩子“人微言轻”，执行起来有失公允。孩子犯了错，家长有错必究；家长犯了错，却常常临阵脱逃。其实，有的父母心中有一个永恒的不平等契约：“我生你、养你、教育你，你就得听我的，这还需要签什么协议、契约？”这种不平等的亲子关系有碍于孩子发展责任感、公正心和诚实守信的品质。

行为契约法的操作要领

◦ 确定目标行为

目标可以是减少不适宜行为，也可以增加适宜行为，或者两者兼有。但是不管怎样，**目标行为必须是客观的、可操作的**，不能含义模糊、靠推论。例如，道格拉斯与琼妮的目标行为都是撒谎，含义清晰不模糊。有的家庭也有行为契约，但是目标行为不易操作，如“以后妈妈不能啰唆”“宝宝得听妈妈的话”等，这样遇到一件具体事情的时候，亲子之间就有很大的余地可以争辩或耍赖：“我就说这一句话也算啰唆吗？”“我这么做难道不是听你的话吗？”

◦ 规定确认目标行为的方法

既然签约双方要对目标行为相互监督，那么目标行为出现或者没出现，就要有一个双方都认同的衡量方法。常见的方法有直接观察的行为文件和固定的行为产物。例如，当面撒谎、延误家庭作业、乱敲桌子、乱花钱、不自己穿衣、不自己洗碗等，这些行为目标清晰明确，双方都不会赖账。如果约定出现了一些模糊的词，如“主动跟妈妈谈心”“不瞒着妈妈做事情”，那么这些目标行为实施起来会具有随机性和主观性。

◦ 确定明确的奖惩条款

要想发挥契约对适宜行为的强化作用和对不适宜行为的限制作用，就要确定一分为二的奖罚条款。例如，琼妮撒一次谎就一周不能吃冰激凌，或者取消滑草游戏及野餐活动等。

◦ 行为契约建立在相互依赖和互惠的基础之上

一个有效的行为契约建立在相互依赖的基础上，一方的改变以另一方的改变为条件，一方违约反悔会导致另一方违约反悔，这种相互依赖性提升了自我管理的动力。行为规则给双方都带来一定的压力，如果违约了，就会在心里产生紧张、焦虑，而践约才能缓解这些令人不舒服的心理状态，这也使得行为契约的监督管理作用大大增强。

行为契约还具有互惠性，不是为了惩罚而惩罚，但一方被惩罚则会成为另一方实实在在的奖励。例如，琼妮对爸爸的惩罚是取消本周末与辛蒂小姐的约会，如果爸爸同意了，就意味着爸爸周末有可能与自己在一起。但是道格拉斯先生与女朋友刚认识，不宜随便取消约会，所以他选择了“肉刑”。琼妮虽然未能如愿以偿，但是她尊重了爸爸的生活和选择，这也是孩子应该具备的善于理解他人的心理素质。

另外，确定行为契约的有效期并双方签字（不会写字的小朋友可以画画、贴画）。

10 系统脱敏法

精选案例

小彼得年仅2岁，特别害怕兔子、白鼠等，甚至连皮毛和棉线也怕得要命。这究竟是怎么造成的不得而知。不过，这已经不重要了，因为美国心理学家琼斯成功采用脱敏法改变了孩子胆小如鼠的毛病。琼斯的做法并不复杂，就是当彼得与其他孩子一起玩得高兴的时候（这一点是关键），她给孩子看一只兔子。她天天坚持这样做，先是远距离地进行，然后让兔子逐渐靠近孩子。开始时，彼得对兔子仍然怕得很，但随着这一过程的进行，他的恐惧开始减弱。渐渐地，他能够容忍兔子与自己靠近。到了第四十五次治疗，他已经可以将兔子抱到怀里抚摩它，并让这个可爱的小动物嗅闻自己的手指头。

系统脱敏法适用于消解紧张、恐惧和焦虑情绪

很多家长不明白自己的孩子为什么会害怕一件很不起眼的事物或者小事。例如，毛茸茸的小兔子多可爱呀，但孩子却怕得不得了。实际上，有可能某一次孩子正在与兔子亲近的时候，兔子突然踢了一下孩子，或者当时突然出现一声巨响，把孩子吓了一大跳。虽然事情本身有惊无险地过去了，但孩子的恐惧情绪在脑海中留下了深刻的印记，并产生泛化，以后他可能不但害怕真兔子，还害怕毛绒兔子玩具、兔子图片，甚至害怕与兔子有关的所有事情和事物。

TIPS

系统脱敏法

系统脱敏法就是通过一系列步骤，把引起孩子恐惧、焦虑情绪的事物或事情按照由弱到强、由小到大、由远到近的顺序逐步呈现给孩子，当孩子感觉紧张的时候就帮他放松，然后再呈现给孩子。这个过程逐渐锻炼了孩子的心理承受能力，提高他对不良刺激的适应能力，最终对真实体验不再产生过敏反应，恢复并保持正常或接近正常的身心状态。

行为主义心理学认为，孩子出现这种情况是由于某些物体和情境（例如兔子）与令人难过、恐惧的不良刺激（例如，被兔子踢了或者一声巨响）一同出现，从而使这些物体和情境连带出现了使孩子感到紧张、恐惧和焦虑的性质，这些物体和情境进而成为恐惧对象。矫正的办法就是把一个刺激所引起的恐惧和焦虑情绪控制在孩子所能忍受的范围

之内，使其多次反复呈现，他便不再对该刺激感到紧张，达到若无其事面对的状态。

系统脱敏法特别适合帮助孩子走出紧张、恐惧和焦虑情绪，例如怕在公共场合说话、怕黑、怕独处、怕坐飞机和电梯、怕某种响声、怕某种小动物、怕考试等。这种方法并不神秘，很多家长在日常生活中都不自觉地应用过此法。

系统脱敏法的操作要领

◦找出使孩子感到紧张、恐惧或焦虑的事物或事件

有时我们很容易找出使孩子感到紧张、恐惧和焦虑的事物，例如黑暗、蛇、医院。但有时孩子真正害怕的对象隐藏在表面现象背后，因为有些事物本身并不可怕，而是因为跟其他可怕的事情同时发生，结果两者产生链接关系，导致孩子对这个事物产生恐惧。例如，本来孩子不怕兔子，正在跟小兔子玩，这时突然外面响起鞭炮声，把孩子吓了一大跳，从此他就怕兔子了。对于3岁以前语言发展还不成熟的孩子来说，他很难说清楚是什么把自己吓着了，所以家长要仔细甄别真正使孩子害怕的事情或事件，才能有针对性地消除孩子的恐惧情绪。

◦将孩子紧张、恐惧或焦虑的情绪按等级排序

孩子不是任何时候、任何地点、任何距离都对恐惧对象感觉紧张害怕，例如当他玩得正开心的时候，当恐惧对象离他较远的时候，或当妈妈陪伴在自己身边的时候，他都有可能不会产生太大的情绪波动。那

么，家长就以刺激物被孩子发现但又能应对的情境将孩子的紧张、恐惧或焦虑情绪按等级排序。对于本例中的小彼得，心理学家琼斯先尝试孩子能够忍受兔子出现的最远距离，然后每当彼得与其他孩子一起玩得高兴的时候，就把兔子放在被确定为第一等级的距离。这时候彼得发现了兔子，感觉有点儿紧张，但因为自己正玩得开心，而且有其他小朋友在场，他们都不害怕兔子，所以他克服了不舒服的情绪，继续做游戏。以后仍在这个距离锻炼孩子，直到他见到兔子完全放松，再尝试第二等级的距离，把兔子挪得再近一点儿。至于需要几个等级，每个等级的距离具体是多少，适应每个等级需要多长时间，完全由孩子的情绪反应决定。

◦ 当孩子感到愉悦的时候呈现刺激并辅导放松方法

系统脱敏法也称“交互抑制法”，是利用积极情绪与消极情绪不相容的原理，锻炼孩子用放松战胜紧张的情绪调节方法。因此，不良刺激不是随意呈现的，应该呈现在孩子感觉愉悦、开心的时候，其目的不是让孩子扫兴，而是帮助孩子用积极情绪克服消极情绪。如果发现对不良刺激有情绪反应，家长不要拿走刺激物，而是鼓励孩子继续玩开心的游戏，或者呼唤孩子的同伴与他一起玩，让孩子感觉同伴都不怕，自己也不用怕，发挥同伴的榜样示范作用。

对于3岁以上的孩子，还可以学习三种放松法：呼吸放松法、肌肉放松法和想象放松法（见后文“放松法”）。直到孩子对不良刺激不当回事，达到全身肌肉与呼吸能够进入松弛状态为止。

◦ 刺激等级不可跨度太大，不宜急躁也不宜懈怠

在系统脱敏法中，选择合适的起始刺激以及刺激等级是关键，如果

刺激太弱，达不到引起情绪反应的目标，对孩子就没有锻炼作用；如果刺激太强，孩子的情绪反应过于激烈，同样无益于身心健康。因此，理想的刺激程度要求孩子对每一等级的刺激既感觉紧张又能克服消极情绪，特别需要家长的细心、耐心和慧心。家长要根据孩子的反应情况确定渐进速度。如果孩子开始过分不适应，可能是速度太快或者步子太大，这时必须把刺激等级再细化到孩子“跳一跳能够得着”的高度。当然，渐进速度和步子也不能太慢、太小，否则孩子有可能对低标准的刺激产生依赖，从而在原有水平上停滞不前。当孩子对上一等级的刺激做到完全放松后，再进行下一等级的锻炼。

TIPS

系统脱敏，拒绝满灌

系统脱敏法痛苦小，但是时间长。有的家长比较急躁，认为不能娇惯孩子，甚至强行让孩子适应不良刺激，即便看到孩子反应强烈也不妥协，以锻炼孩子的“胆量”。这种方法在心理学上叫“满灌法”，是不利于小孩子身心健康的。要想使孩子形成勇敢的性格，一方面，千万不要吓唬孩子；另一方面，按照系统脱敏法的科学操作步骤，把令孩子产生恐惧的物体或情境重新与产生轻松、愉快的刺激多次、稳固地结合，直到孩子能与原先事物和平共处为止。

11 积分法

精选案例

幼儿园放学回家的路上，子涵不说话，满脸不高兴。奶奶问他好几遍，他才说是因为今天没有得到小贴画。奶奶说：“哦，就这事呀，你喜欢什么样的小贴画，奶奶给你买。”子涵说：“奶奶给，没用；老师给，才有用。”原来老师说一个星期每天都得到夸奖的小朋友，才能被评为“团结友爱小明星”，可就是因为他今天下午跟金玲吵了一架，少得一张小贴画，当不成小明星了！奶奶晚上就给老师打电话说：“子涵挺想当‘团结友爱小明星’的，就差一张小贴画，您就给他一张吧！他说以后再也不跟小朋友吵架了。”老师说：“奖励小贴画不是目的，真正的目的是提醒小朋友在交往的时候学会控制自我、团结友爱。这个活动还会搞下去，每个小朋友都有机会当小明星，孩子靠自己每天的积累获得的奖励才是有意义的。下周一我会跟小朋友讲清楚如何正确认识小贴画，希望家长也从正面给孩子讲道理。”

积分法有助于培养孩子的自我控制能力

子涵的老师采用了积分法来管理孩子的情绪与行为。显然奶奶对积分法不是太了解，才出现上述沟通与交流。众所周知，每当孩子出现适宜行为，成人若能及时给予肯定或奖励，孩子发生这种行为的概率就会大大增加。但是，如果孩子的每一个好行为都得到奖励的话，家长会应接不暇，孩子也会对物质奖励感到厌倦，而采用积分法有助于解决这个难题。

积分法就是把孩子的好行为一次一记录，积累到一定次数就可以换取某种奖励的教育管理方法。家长对这种方法并不陌生，其效果与商场购物积分卡或者会员卡相似。商家利用积分法可以留住顾客，刺激消费；家长利用积分法则是帮助孩子积累好行为，获得大快乐。

积分法是介于物质奖励与精神奖励、具体奖励与抽象奖励之间的一种方法，比较适合学龄前和小学低年级的孩子。一次一个积分记录对孩子来说，并没有直接兑现奖赏，但积分法的累积效应锻炼了孩子的自我监督意识，积分成功之后又会增强孩子对自我控制能力的自信心和成就感。

积分法的操作要领

◦ 明确一个目标行为

有时我们希望改变孩子的很多行为，让他在各个方面表现出色，然而在使用积分法的时候，要把目标先定为一个好行为，然后让这个好行为产生拉动作用。例如，孩子在人际交往方面同时存在三个问题：爱生气、好动手、霸占玩具。那么，目标行为先针对其中的一个，对其他两种行为暂时忽略。当孩子克服一个毛病之后，再用积分法专门针对另一个行为。

◦ 目标行为具体明确，可操作性强

例如，爱生气就是一个模糊的词语，对于不同的孩子来说，爱生气的具体表现是不一样的，还可能会出现家长说孩子生气了，孩子说没生气的情况。也就是说，这样一个模糊的目标行为无法明确，积分记录无法操作。因此，家长要把孩子生气的具体行为表现描述出来：摔东西、不说话、不吃饭……如果出现以上行为就是生气了，就出现一次扣分记录，孩子也明确了自己要管理的就是这些可见的行为方式。

◦ 建立适宜的累计行为基数

累计几次行为就可以得到奖励，需要家长与孩子一起商量，基数不宜过小也不宜过大。过小的基数对孩子自我控制能力起不到锻炼作用；过大的基数会让孩子感觉太难，没有信心。家长可以根据孩子的情况确定并灵活调整适宜的基数。

◦ 确定适宜的积分奖励

孩子用积分换取的奖励，要在保障安全、健康的前提下，根据孩子的喜好来选择。精神奖励优于物质奖励，尤其是游戏、运动类的奖励对孩子更有益，例如去游乐场、逛公园、爬山、旅游、看朋友等。待孩子表现自然、正常以后可以逐步撤销奖励，使之成为孩子内在的自觉行为。

◦ 确定适宜的积分记录方法

基数确定之后，就要选择合适的积分记录方法。积分记录用起来要方便、及时，一般可以用计数、计点、小贴画、小印章、小红花等方式来记录，最好做成简易图表，帮助孩子自我观察、自我监督，家长可省去许多说教，让孩子学习自主管教，这才是科学有效的教育管理方法。

• 精选案例

5岁女孩婷婷有自己的房间，有一次半夜起来小便后，她撒娇跑到爸爸妈妈的房间里睡。爸爸妈妈后来发现婷婷半夜总是这样，就劝女儿回房睡觉，始终没有效果，于是他们采用了下列策略。

婷婷的父母画了一个简易图表，告诉婷婷：“爸爸妈妈希望你在自己床上睡觉（明确行为目标）。这里有一个表格，如果你一夜没有过来（建立基数），我们一大早在表上给你贴一颗亮晶晶的金星（确定记录方法）。一周内若得到5颗金星，周末就带你出去郊游（确定积分奖励）。”

第二天，婷婷没有做到，表上没有贴金星。爸爸向她表示惋惜，并真心向她保证，非常乐意帮助她拿到金星。婷婷试了足足三个晚上，终于赢得一张金星贴纸，她很兴奋。一个月后，婷婷半夜换房间睡觉的行为消失了。

◦积分过程严格，不要心慈手软

由于适宜行为要积累到一定次数才能获得奖励，孩子的动机和坚持性便可以得到加强与锻炼。如果孩子的目标行为没有达标，家长不能心慈手软，要严格按照当初的约定记录。因为迁就孩子、半途而废不但无益，而且有害，会破坏约定和规则在孩子心目中的严肃性，降低孩子的自我管理能力。

12 隔离法

• 精选案例

3岁的涛涛调皮捣蛋，妈妈大声叱责，却毫无效果，于是妈妈使出邻居传授的“撒手锏”——关黑屋。结果，涛涛立即老实求饶，妈妈便对这个办法比较得意。日子一久，次数一多，壁橱成了涛涛最害怕的地方。每当妈妈说：“你再淘气，我把你关黑屋！”涛涛就非常恐惧，吓得连声音都发不出来。经过几次后，涛涛竟然出现口吃的现象。妈妈以为涛涛又在调皮捣蛋，直到有位医生说涛涛的口吃是心理恐惧所致，妈妈才知道是自己的错，但孩子的问题已经出现了。

关黑屋与关亮屋的区别

关黑屋是极不明智的做法。孩子的自我反省能力很弱，把他关在黑屋里，他会面壁思过吗？他甚至不明白自己错在哪里！一片漆黑只能带给孩子恐惧、紧张！而恐惧和紧张是造成口吃的主要心理因素，也就是说关黑屋影响了孩子的心理健康和语言发展。

孩子经常会出现不服管教、调皮捣蛋、任性淘气的时候，调查发现，成人偶尔用或经常用“大老虎”“大灰狼”“医生打针”“小偷”“骗子”“关黑屋”一类的话吓唬孩子。这样吓唬孩子的危害很多：增加幼儿的精神压力和恐惧心理，容易使幼儿形成胆小、软弱，以及遇事缩手缩脚、优柔寡断的性格。这些胡言乱语不讲科学，不合情理，不符法律规范，会使孩子形成错误的认识。

当幼儿出现偏差行为时，家长责骂或者吓唬，是既伤孩子又损自己威信的下策。当然，这不是说不能批评教育孩子，而是要讲科学。这种科学性体现在既矫正了孩子的偏差行为，又没有损害孩子的身心健康，还使教育者不失尊严。把孩子关亮屋，学术用语就是“隔离法”，即将孩子与产生不良行为的环境隔开，把他撤离到一个单纯或无聊但又有光亮的特别房间，在一定的时间限度内不准他外出。这是美国行为主义心理学派研究提出的行为矫正技术。

TIPS

隔离法

隔离法就是让孩子暂时离开造成不良行为的情境，老老实实地站在或坐在一个家长能看见他，但他又不能做任何事情的寂寞环境中。隔离法的短期目标是立即阻止孩子当前的不适宜行为，长期目标是帮助孩子学会自我控制。孩子都不喜欢被隔离，因为这会让他“损失惨重”，比如失去家人的关注，失去令父母生气或沮丧的机会以及由此得到的控制父母的权利，也失去了玩玩具、做游戏以及参加各种活动的自由。孩子为了避免遭受这些损失，不得不进行自我控制。

适度的、暂时的隔离，作为对孩子的惩罚措施，是不理睬策略实施后的“升级产品”。一般来说，家长可以先计算孩子不适宜行为的次数，若是偶发一次，可以采用不理睬的策略，若不理睬策略失效了，再使用隔离策略。

隔离法的操作要领

◦隔离法的适用范围

隔离法特别适合于应对孩子的攻击行为与坏脾气现象，例如用脚踢人、用手打人、用嘴咬人、对人吐口水、骂人、破坏东西、抢别人东西、生气吼叫、大声哭闹、抱怨烦躁、吵闹不停、戏弄别人等。当然，有些行为不能用适度隔离，例如情绪问题和安全感问题，像心情不好、闷闷不乐、苦恼、害怕、恐惧、焦虑、胆怯等。

◦选择最佳隔离地点

最佳隔离地点应该是孩子感觉很无聊但又安全的地方，即没有别人可以讲话、没有任何好玩的东西、光线充足不会引起孩子害怕，且家长在10秒内可以迅速到达的安全地方。

选择地点还应该视孩子年龄而定：对于2～4岁的孩子可以使用隔离椅，即搬一把椅子让他坐在父母的视线内，要求他在一定时间内不许动；对于5～7岁的孩子，可以使用隔离间，但是要注意房间应安全、有光亮，里面的东西尽量少，摆设简单，父母可监控室内。

隔离地点不可以使用阴暗的地下室、衣橱、车库，父母也不可把孩子反锁在房间里。

◦ 确立隔离时间

当决定使用隔离法的时候，家长最好以不超过两句话的速度立即实施，不要总是“光打雷不下雨”。例如，家长可以说：“你又乱发脾气了，按照约定你现在就得去隔离。”如果只是警告却不操作，不但隔离法宣告失败，而且难以培养孩子对规则与权威的敬畏感。

隔离时间以孩子年龄为准，原则上是1岁1分钟，一个3岁的孩子可隔离3分钟。家长不要让气愤冲昏头脑而肆意延长隔离时间。在实施隔离的时候，父母可以准备一个定时器，让孩子知道结束时间，绝不能随便拖延时间。如果家长专制并且随意延长时间，容易损伤孩子的心灵。另外，孩子以定时器为监督物（而不是人），容易形成自律。

◦ 隔离之后要讨论

在讨论中，引导孩子说出被隔离的原因，尤其是他所违背的具体行为规则。如果孩子说得正确，家长简单复述一下他的答案后，可让孩子自行离去，不要与孩子再进行任何不愉快的对话。如果孩子不知道为什么被隔离，或者说出了一个不正确的答案，家长也不要骂他、教训他或刻意让他产生难过或对不起的感觉，而是要告诉他真正原因，并让他复述出原因后自行离去。这一步骤，家长千万不能忽略。

TIPS

让孩子接受隔离法

最初使用隔离法的时候，孩子可能抗拒得比较厉害，家长不能因此放弃。孩子乱蹦乱跳不愿意进去，家长可以抱紧孩子一起待在隔离间里或者坐在隔离椅上，但是不跟孩子说过多的话也不讲过多的道理，只是简单地说："你必须在这里安静一会儿，定时器响了才能再玩。"如果孩子再犯，仍这样带领孩子实施隔离。久而久之，孩子就明白隔离与定时器是怎么回事了。之后，孩子会慢慢习惯，不会再强烈抗拒隔离法，甚至可能犯了错，家长一个眼神示意，孩子就会自己走进隔离间或坐上隔离椅。

13 运动法

• 精选案例

文文是一个长得很漂亮也非常乖的男孩子。父母都是大学老师，上班时间由爷爷奶奶在家照顾文文。爷爷有哮喘病，奶奶既要照顾老伴，又要照顾孙子，十分忙碌。但她把孙子照顾得妥妥当当，以至于3岁之前文文从来没有生过病，没有吃过一粒药，没有打过针，甚至没有摔过一跤。文文性情温和，很少哭闹，所以天天在家里待着，几乎很少出门。晚上爸爸妈妈下班后，他也不黏父母，自己乖乖地、安静地玩。总之，文文从小就是一个让爸爸妈妈和爷爷奶奶都很省心的宝宝。

可就是这样一个完美养育、乖顺省心的宝宝，3岁之后出现了一些问题。开始，妈妈开车送文文上幼儿园，只有很短的路程，他都会晕车呕吐，后来妈妈只好骑车送他。老师讲课的时候，文文缓慢地、不停地重复三个动作：左手拇指依次摸右手的食指、中指、无名指和小指，右手拇指依次摸左手的食指、中指、无名指和小指，然后用下巴蹭左边的肩膀。老师说他几乎每过一段时间都换一个动作并进行缓慢重复。文文从来不发脾气，但是非常胆小，做任何事情都喜欢坐着看老师做、看小朋友做，自己迟迟不敢动手尝试。

爸爸妈妈发现文文的发展落后于其他孩子，他们不明白这是为什么。孩子生下来智力正常，家长对他的养育非常精心，父母都是高级知识分子，老师和小朋友对他也非常好。问题到底出现在哪里呢？孩子长大后会不会就自然好了呢？

都是感觉统合失调惹的祸

文文的问题出在感觉统合失调上，他不能有效地统筹、整合各个感觉器官所接收的各种信息，并及时地做出相应的、适当的反应，因此他显得行动笨拙、反应呆板、发展迟缓。0～3岁是孩子发展感觉统合能力的关键时期，是大脑各个区域与身体各种感官迅速建立信息输入与输出联系的时期。

我们每天完成吃饭、睡觉、游戏、运动、学习等基本的日常活动，都不是单纯地依靠某一个器官完成的，而是收集听觉、视觉、触觉、嗅觉、味觉、运动觉和平衡觉等各个感觉器官发来的信息，由大脑对这些信息进行筛选、判断、整理，然后形成一套完整的决策和指令，最后再统合、协调各个感觉器官完成相应的动作或任务。其中任何一个感觉器官出了问题，或者虽然各个感觉器官正常，但是大脑对身体各部分器官不能有效地统合，就无法正常完成任务。例如，现在市场上有一些塑料做成的仿真面包、三明治等玩具，3岁左右的宝宝会玩着玩着就禁不住去咬一口，主要原因不是他饿了，而是他的感觉统合能力还没有发育完善。对于一个发育成熟的人来说，这个仿真面包能不能吃，我们不是单纯地依据眼睛看着它像面包，大脑就发出吃的指令，而是还要摸摸它软不软，闻闻它有没有面包味，大脑对视觉、触觉和嗅觉发来的信息进行综合判断，最后再发出能不能吃的指令。

文文出生的时候是正常的，妈妈发现问题后到医院做过检查，结果也是正常的。这说明他的各种感觉器官的生理结构正常，但感觉器官的功能出现了问题。例如，晕车是由于前庭器官的平衡功能发育不完善；上课时不知不觉出现的小动作是因为大脑不能有效统合老师讲课、小朋友活动等周围环境发来的信息，却一直沉浸在无意识动作之中；胆小怕事则由于触觉防御过度导致。

感觉统合失调的主要原因在于运动不足

导致感觉统合失调的既可能是先天因素，也可能是后天因素。文文已经排除了先天因素，问题就出在运动不足上。文文从小到大享受着无微不至的照顾，他一生下来胖乎乎的，好静不好动，8个月还不会翻身，爬行经验很少，没有出现过摔跤、生病的经历，甚至很少出门。他生活在单调的环境中，缺乏丰富的信息刺激，各种感觉器官很少有锻炼的机会，在感觉统合发展的关键期缺乏基本的活动和运动，所以大脑神经连接不丰富、不灵活、不协调，感觉统合的功能得不到锻炼和发展。再加上文文属于易养型气质的孩子，不爱说话、不爱闹腾、安静省心，让人感觉即便奶奶忙于照顾爷爷、父母忙于工作，孩子也没什么事。表面上的没事加剧了家长的大意，他们没有意识到不哭不闹是危险的征兆，以至于错过了宝宝发展感觉统合能力的最佳时期。而感觉统合失调的孩子上学后将出现学习障碍、人际交往不良和自信心不足等多种问题。

运动法的操作要领

◦ 为宝宝提供自然养育环境

过多的人为因素将宝宝与自然隔离，孩子被罩在一个绝对安全的真空地带，对外来刺激和潜在危险缺乏体验、预测和应对经历。家长的精心照顾使宝宝生活在衣来伸手、饭来张口的被动环境中，剥夺了他主动表达需求、自己动手操作和探索的机会。这样一来，他的感知觉、动作与思维没有充分激活和锻炼的空间，处于休眠状态。因此，家长要走出完美养育的误区，为宝宝提供自然养育的环境，让他有机会爬行、走路、上下楼，不怕摔跤；让他自己吃饭、喝水，不怕弄脏衣服；让他学会用语言表达自己，不要立即把宝宝需要的东西送到他手里；让他与同伴游戏，不要怕孩子之间有冲突；让他能用水杯就不用奶嘴，锻炼手眼协调能力；经常带孩子出门活动，锻炼他对自然变化的适应力和抵抗力……使孩子在日常生活环境中发展完善的心智功能。

◦降低养育宝宝的心理压力

父母对养育宝宝的要求和期望比较高，如果是爷爷奶奶和保姆照顾孩子，更觉得责任重大。过度的责任感让家长变得保守，产生“不求有功，但求无过”的心理和做法。老人和保姆觉得只要不饿着、冻着、磕着、碰着宝宝就行了，所以他们限制、减少孩子的活动机会与出门机会，把孩子培养成温室里的漂亮花朵，却阻碍了孩子的成长发育。因此，父母不要给老人和保姆太大的心理压力，就算他们在养育宝宝的时候出现一些问题，也不要过分责备，并且要多从正面提醒他们，既要安全养育，还要放手锻炼，共同提高教养观念与方法。

◦参加科学的感觉统合训练活动

由于保守的养育方式和孩子活动量的减少，现在不少孩子都出现不同程度的感觉统合失调现象，家长可以带孩子到一些专业的机构参加感觉统合训练课程。适宜的训练活动不但对感觉统合失调的孩子有效，对正常的孩子也有益。它凭借一些具有专门功能的器械，促进孩子的活动与运动，同时让孩子觉得训练课程像做游戏一样有趣，在玩中练习感觉统合，有助于弥补孩子活动量不足带来的不良影响。3～13岁是感觉统合训练的有效时期，而且越早越好。

14 放松法

• 精选案例

桐桐不高兴的时候很容易情绪激动，每到这时他会面红耳赤、呼吸短促、大喘粗气，妈妈劝他、抱他都不能让他很快恢复平静。因为从小时候起桐桐就有一发高热就背气的毛病，所以妈妈很担心孩子过分生气也会背气，就咨询专家。专家认为，学会正确的呼吸方法能有效帮助孩子调节情绪，并建议妈妈当孩子呼吸急促的时候，蹲下来跟他说："宝宝，你看妈妈这个样子很有趣，跟妈妈学学看，怎么样？"妈妈双手紧握拳头，坚持一会儿，再慢慢松开拳头，边做边说："握紧拳头，握紧拳头，生气小虫，全都飞走。"桐桐模仿做了三四遍以后，呼吸果然平和下来。

学会放松有助于减缓情绪反应

桐桐的妈妈得到的建议是肌肉放松法，是通过调节情绪出现时伴随的生理反应来减缓情绪的激动程度。

当人的情绪处于某种状态时，身体会产生相应的变化。例如，愉悦时嘴角微笑，生气时呼吸急促，伤心时眼睛流泪，恐惧时身体发抖，愤怒时血压升高等。这些看得见也感觉得到的生理反应在人们身上都会出现，只不过不同人的反应程度不同。桐桐就属于情绪紧张时呼吸比别人更加急促的孩子。对于有的孩子来说，生气了仅是眉头紧皱而已；有的孩子则脾气暴躁，很容易从生气升级为愤怒，产生更加强烈的生理反应。

每个人的情绪反应不同，除了天生因素以外，后天的养育方式也是一个重要因素。例如，有的家长对孩子比较忽视，除非孩子有激烈的情绪反应才会给予关注，那么孩子就相应地形成加大情绪反应程度来吸引家长注意力的情绪表现方式。有的家长对孩子过于关注，孩子的情绪稍微有点儿不适应就满足孩子的不合理要求，孩子就容易变得娇气、矫情，情绪反应程度超出实际的挫折程度。

放松法就是通过调节和控制强烈的生理反应来缓解心理压力的情绪管理方法，尤其适用于还没有正确掌握如何放松自己身体而又容易紧张的孩子。

放松法的操作方式

◦ 呼吸放松法

有人一旦情绪激动就呼吸紧张，更严重者甚至可能出现呼吸暂停、呼吸痉挛现象，这样不仅难以管理情绪，更会危害身体。所以，引导孩子从小学会呼吸放松法，对情绪管理、维护健康非常重要。

呼吸放松法就是腹式呼吸，也叫“深呼吸”。尽可能地吸进一大口气，让腹部膨胀，憋住气，然后再慢慢地、均匀地吐气，吐长气，暗示自己吐出心中的紧张、烦恼和不快乐。这样来回做两三次，就能大大缓解心慌气促的状态。例如，即将面对领导汇报工作或者面对群体进行演讲的时候，人们很容易呼吸紧张，这种情绪会妨碍人的思维流畅和语言表达，影响正常水平的发挥，这时采用呼吸放松法可以很快帮助人们消除心慌气短的症状。如果孩子将要上台表演，家长发现他有紧张的表现，就可以给孩子示范呼吸放松方式，引导他尽快恢复平静状态。

◦肌肉放松法

肌肉放松法也叫“神经肌肉渐进式放松”，通过充分绷紧肌肉，然后再放松肌肉，交叉体会紧张和放松的感觉，最终达到放松的目的。肌肉放松法可以从手开始，也可以从手臂、眼睛、脖子、肩部或者脚开始。一般情况下，从手开始比较方便。具体方法是，先握紧拳头，握紧再握紧，紧得不能再紧了，然后慢慢伸开手掌，并体会放松的感觉。其他部位依此类推。运动员常用此法在赛前放松自己，日常生活中的伸懒腰也是一种简易的肌肉放松法。

桐桐的妈妈在使用肌肉放松法的时候，还加上了儿歌和游戏，便于孩子理解和记忆，也增加了趣味性，更适合孩子学习。当家长边做边说“握紧拳头，握紧拳头，生气小虫”的时候，语速缓慢并且均匀，说到“全都飞走”的时候语速更慢，手掌慢慢伸开。家长的情绪带动也很重要，孩子看着家长的样子神秘而安宁，会调动起模仿学习的兴趣。

◦ 联想放松法

联想放松法适合3岁以上的孩子，就是通过别人的语言暗示或者自己的主动想象，暂时放下不愉快的事，联想开心高兴的事，进而放松心情，减缓或改变坏情绪的方法。当孩子情绪紧张的时候，家长可以抱着孩子坐下，或者让孩子自己坐下，闭上眼睛听家长讲一个放松的简短故事或者情境。例如，家长说："宝宝闭上眼睛，一只美丽的小白兔就会从天上慢慢地飞下来，飞呀飞呀，飞到宝宝的手指上，亲了一口。"讲到这里，妈妈亲一口宝宝的手指，可以接着讲："一只美丽的花蝴蝶飞下来……飞到宝宝的脸蛋上，亲了一口。"然后妈妈亲孩子的脸蛋。这样反复几次就能达到联想放松的目的。

孩子在进行纯粹的思维联想之前，会出现一段联想加活动的过渡时期。有一个4岁的孩子在没人引导的情况下，就会自觉地应用此法。当别人问她："小朋友惹你不高兴的时候，你怎么办呀？"她说："不理他，做自己高兴的事情。"再问她："你怎么做自己高兴的事情呀？"她说："看我喜欢的书，对着镜子笑。"这两种做法不是纯粹的联想，却是伴随行动的联想，是蓄势待发的联想放松法。

PART

④

10 大教养误区，滋长孩子的负面情绪

01 包办代替

精选案例

小满1岁半就上了幼儿园，不到两个星期就学会了自己吃饭、喝水，但是一回家就等着爸爸妈妈、爷爷奶奶喂。老师说，孩子自己能做的事情，家长不要包办代替，否则会影响宝贝独立性的发展。家长说宝贝在幼儿园听老师的，可是回家就不听话了，没有办法，不喂就不吃，这样会影响孩子的健康，再说宝贝长大了，一定能自己吃饭，就再辛苦两年吧。

孩子年龄小，需要大人的照顾，但是照顾过度就很容易包办代替。家长包办代替的主要原因有三：一个原因是特别爱孩子以致缺乏理性，认为爱孩子就要为孩子做好一切，不要让孩子受委屈；另一个原因是家长的教育习惯没有跟随孩子的发展而调整，仍然沿袭小婴儿时期的养育方式，迁就孩子的“衣来伸手，饭来张口”，过度担心孩子不会做事，没给孩子动手锻炼的机会；第三个原因是包办代替比让孩子自己动手更加高效、利落、省事，否则孩子做得不好，家长还得为孩子收拾整理。

表面上，包办代替让孩子舒服，让家长省事；实际上，它是阻碍孩子健康成长的温床。习惯了家长包办代替的孩子不但动手能力弱，而且容易任性娇气，独立自理和抗挫折能力都发展得缓慢，孩子的许多不良习惯和性格特点都是包办代替造成的。

包办代替的表现

◦ 生活上的包办代替：衣来伸手，饭来张口，不用孩子动手

孩子出生之初，没有生活自理能力，确实需要家长的直接帮助，但这种情况应该随着孩子快速的发育而逐渐减少，从部分放手直到最后完全放手。其实，即使是喂奶、喂饭，从孩子出生的那一刻起家长就可以做到不必完全包办代替。众所周知，孩子出生之后就有吸吮反射，妈妈有意无意地用奶嘴或乳头碰碰孩子的嘴角或者脸颊，都会刺激孩子依据触觉定位和寻找食物的方向。孩子长大以后就可以用勺喂饭了，妈妈与其把饭勺直接送入孩子的嘴里，不如把饭勺送到离孩子嘴较近的地方，让孩子产生看见饭—伸嘴够饭—够不着后用手抓勺—送饭到嘴里的系列反应。这个反应是一个眼、脑、手、嘴的协调过程，是孩子最初的感觉统合能力发展。有的孩子3岁以后逐渐出现感觉统合失调现象，与孩子生活中被包办代替过多，缺乏类似的感觉统合锻炼有关。

◦饮食上的包办代替：吃流食、吃碎菜、吃烂饭，不用孩子动牙

孩子都有一个从吃流食到半流食，再到主食的过程，而长期停留在只吃流食阶段的孩子，说明他只会吞咽，还不会用牙齿咀嚼。这样不但吃饭容易噎着，而且对孩子的牙齿发育不利。另外，咀嚼还能刺激大脑活动。据一项美国医学研究发现，咀嚼少的儿童智商普遍低于摄入以耐咀嚼食物为主的儿童。

◦行动上的包办代替：一出门就抱（坐车），不用孩子动脚

现代生活条件越来越好，出行工具越来越便捷，于是出门就坐车、不喜欢走路、爱让家长抱的孩子大有人在。孩子行走跑跳的机会大大减少，走路跑步的发展意义被家长忽略了。3岁之前是各种动作发展的关键期，孩子仅仅会走路是不够的，还要走稳、耐走，走跑有速度而且平衡协调，掌握跨越障碍的技能。孩子的行动被包办代替了，不但下肢肌肉力量的发展会受限，而且还影响他整个身体的大运动能力。

◦语言上的包办代替：一个眼神或动作，家长即刻心领神会，不用孩子动口

有个孩子3岁了还不会说话，妈妈有点着急，爷爷说：“没事，孩子长嘴巴就能学会说话，主要原因是你们总不在家，不了解孩子的心思，孩子一个眼神、一个动作，我就知道他想干什么，你们要不明白就问我吧。”爷爷的误区就在于陷入了语言上的包办代替，没给孩子说话锻炼的机会。即使家长对孩子的眼神和动作心领神会，也不要马上把东

西递给他，而要给予孩子相应的语言刺激："宝宝想要什么？是那个皮球吗？是红皮球还是黄皮球？"虽然孩子还不会说话，但他在"听话"，足够的听觉刺激是孩子理解语言、模仿发音、学会说话的基础，不宜一声不吭地拿了玩具就递给孩子，这样会阻碍孩子的语言能力发展。

◦思维上的包办代替：孩子一遇到困难就帮助，不用孩子动脑

3岁以后，孩子特别爱问问题，"这是什么""为什么"之类的问题源源不断。有的孩子遇到困难就爱说"怎么办""我不会，你帮帮我吧"，家长觉得仅仅是举手之劳，就一帮到底。实际上，思考问题、解决问题的能力在孩子几个月的时候就已经渐渐发展了，两三岁的孩子具有更高级、更复杂的思维能力，家长不宜代替孩子思考，不必立即回答、立即帮助，可以**鼓励孩子动脑筋想一想、猜一猜，动手试一试、做一做，帮助他成为勤于动脑、勤于动手的聪明孩子。**

◦情绪上的包办代替：孩子一不高兴就满足，不用孩子动心

人天生都有趋乐避苦的本能，自己的愿望得不到满足就会不高兴，心智成熟的成人能够主动调节自己的情绪，而幼稚的孩子管理自己情绪的水平较低，可能一不高兴就会发脾气甚至大哭大闹。看到孩子这样，家长就心软了，于是满足了孩子的愿望。实际上，一味地满足孩子的愿望，换来的只是暂时的快乐，孩子以后不但会形成用情绪来要挟家长的习惯，而且他不断增长的愿望会越来越难以满足。孩子在日常生活和与人交往的过程中，难免会体验到失意、难过、伤心等不愉快的情绪，只有逐渐学会平衡自己的需求、调节自己的心理，他才有能力享受真正的

快乐。孩子一不高兴家长就满足，则是在情绪上包办代替孩子的心理体验，不利于孩子健康心理的发展和良好性格的形成。

避免包办代替的良策

◦鼓励孩子动手做，包容孩子做不好

孩子做事有很大的潜力，持续的锻炼会促进孩子自然而然提高动手能力，而且实际上孩子天生就喜欢自己动手做事。但不少家长通常在孩子动手之前就已经为他准备到位，如果孩子坚持自己尝试，有的家长还会阻止甚至批评孩子。孩子的积极主动性一旦受到打击，渐渐地就习惯于被动等待家长包办代替了。因此，家长不要怕麻烦，不要嫌孩子做不好、不熟练、帮倒忙，要充满热情地鼓励孩子动手操作，宽容对待孩子的不完美。长久下去，孩子会蓄积强大的自主成长的内在力量。

◦经常启发孩子试一试、想一想

孩子经常会求助妈妈，妈妈不要拒绝孩子的求助，也不要代替孩子动手动脑，要启发孩子："动手试一试吧，看看有什么新发现？""动脑想一想吧，你是一个爱动脑的好孩子！"家长始终视孩子为成长的主人，视自己为孩子成长过程中的有益助手，会极大地促进孩子的自信心和独立性。

◦家长做一半，为孩子留一半

生活中的许多技能需要家长手把手地教导孩子，但这不意味着完全

替代孩子。家长可以先做一遍，然后让孩子模仿家长。如果孩子不能完全独立模仿，家长可以先做一半，为孩子留一半，使孩子处于半独立模仿状态，例如穿衣服、系扣子、系鞋带等事都可以家长做一半，孩子做一半。积极为孩子营造一个从依赖到半独立再到独立的过渡空间，将会极大地促进孩子的心智成长。

02 迁就溺爱

精选案例

娇娇2岁，是个漂亮的小姑娘，妈妈整天把她打扮得像个小公主。这天，几个同事聚会，妈妈带上了娇娇。娇娇玩了一会儿芭比娃娃，然后就坐在妈妈的腿上，用手使劲揪妈妈出门前整理好的头发。妈妈被揪疼了，用手拦着娇娇。娇娇不愿意，就站在妈妈的腿上，这样妈妈就拦不住自己了。妈妈无奈，只好用手抱住头。同事说她脾气真好，对孩子不发脾气，妈妈说："没关系，娇娇待烦了，我们走了。"她把头发稍微拢一下，抱着孩子跟大家告了个别，就走了。

温和不等于随便迁就孩子

妈妈及时发现娇娇待烦了、想走的愿望，但是性情温和的她迁就了孩子用揪头发表达这个愿望的不良方式。迁就溺爱孩子常常是爱心特别“富余”的家长的想法和做法，有的妈妈特意从职场上退出来做全职妈妈，有的爷爷奶奶、外公外婆前来助力，有的请来家政经验丰富的保姆或阿姨专门照看。全家人对孩子高唱“爱的奉献”固然可嘉，但要知道尽管现代家长并不企求“养儿防老”，孩子还是要学会热爱、尊重、回报，才能成长为一个身心健康、品行出色的人。

实际上，温和、有耐心地对待孩子不等于撒手不管或随便迁就孩子。如果孩子的行为方式不宜，明显干扰了别人的活动，随便拿别人的东西，开始尝试说谎等，家长都应该平和而坚定地告诉他“你不可以这么做”，并拒绝孩子的行为，让孩子从家长的态度中掌握基本的是非对错观念。家长无原则的迁就溺爱使孩子习惯以自我为中心来看待周围的人与事，缺乏正确的自我评价，缺乏正视挫折、调整自我的心理素质。一旦他走出家庭环境，在外面遇到不顺心的事，性格上的弱点就会暴露出来。例如，偏执多疑、过分敏感或常认为别人跟他过不去，容易造成许多误解与冲突，言行易冲动，自我评价过高，好嫉妒，同时又很容易自卑。所以，一味地迁就溺爱孩子，不是爱，而是害，是造就孩子不良性格的重要因素。

正如教育家高尔基说过：“溺爱是误入孩子口中的毒药。如果仅仅为了爱，连老母鸡都能做到这一点。”溺爱是低层次的爱，对亲子关系潜藏着伤害；真正的爱是理智的爱，使亲子关系促进身心健康。

迁就溺爱的表现

◦ 特殊待遇

孩子年龄小，理应得到家长的特殊照顾，但是孩子也应该从小就学会承担一份责任，而不是一味地享受特殊待遇。例如，妈妈帮助自己要学会说“谢谢”，自己做错了事情知道说“对不起”，别人惹自己不高兴了要学会原谅，好吃的食物可以大家分享，爸爸妈妈打电话时要保持安静，乐于配合家长对自己的管教等。这些行为都有助于培养孩子的平等意识与平和性情。

◦ 百依百顺

有的家长总是担心不满足孩子就会惹孩子不高兴，甚至会伤害孩子，所以就轻易满足孩子的各种需求，甚至孩子要什么就给什么，结果孩子养成不珍惜物品、不体贴他人的不良习惯。实际上，拒绝孩子的不合理要求固然惹孩子不高兴，但不会影响孩子的健康成长，真正伤害孩子的是百依百顺。

◦ 祈求哄劝

人的欲望是无止境的，即使家长迁就溺爱孩子，也不可能满足孩子的所有需求。最初，孩子只是用噘嘴、生气、轻微哭泣的方式表达不满，家长就赶紧哄劝。有时家长也会觉得不能由着孩子闹，于是拒绝孩子的不合理要求。孩子见软的不行，就来硬的，用大声哭闹、长时间对抗、拒绝吃饭、摔东西、就地打滚等手段要挟家长，有的家长控制不住局面，就开始祈求孩子，孩子迫使家长满足自己的手段因此升级。有的孩子甚至养成这样一种心理：家长越央求他，他就越扭捏作态，不但不能体谅家长，也难以让自己变成富有责任心和落落大方的人，而且家长的教育威信也会大大降低。因此，家长以祈求、哄劝、投降、依从等方式换得孩子的欢心与家庭的和平是不可取的。

◦过度保护

家长溺爱孩子的其中一个心理动机是不想让孩子受一点疼痛，不想让孩子受一点委屈，在心理上忍受不了孩子疼痛、委屈。这种与孩子共生的心灵感应会让家长特别担心孩子出危险，于是他们会采取过度保护的养育方式。这属于家长的心理调适问题，需要客观认识和重新评价危险存在的意义。意外时时处处都可能存在，往往不能回避与躲开，而是孩子应该学会面对的对象。两个小朋友同样因没坐稳从小椅子上摔了下来，一个小朋友爬起来就没事了，另一个小朋友却摔成骨折。孩子的成长发育规律就是这样：越保护，越娇弱；越锻炼，越结实。过度保护会降低孩子抵抗危险的能力。

◦偏袒护短

“金无足赤，人无完人”，孩子也是一样，都会有缺点和短处。迁就溺爱孩子的家长往往采取视而不见的避短方式或者偏袒护短的方式。例如，孩子欺负人了，家长若无其事地放任孩子，被欺负的孩子及其家长找来了，不但不正面教育孩子，反而袒护自己的孩子。有时爸爸管孩子，奶奶就护着：“不要太严，孩子还小呢！”或者说：“你小的时候还不如他呢！孩子大了自然会好。”这些“避难所”和“保护伞”都会助长孩子形成不良性格。

03 过度关注

精选案例

齐齐满1岁，妈妈需要上班了，可是妈妈很不放心，就在家里的卧室和客厅都安装了摄像头，将视频连到办公室的电脑上，有时间就看看齐齐。有时婆婆说：“宝宝睡觉了，你还看吗？”她一会儿说要看看齐齐睡得香不香；一会儿交代婆婆摸摸孩子是不是太热了，别捂出火气；一会儿又交代婆婆别让孩子着凉，万一生病了，全家人都辛苦。有时孩子醒了以后，妈妈就提醒婆婆该给齐齐讲故事了；有时孩子在看电视，她就问婆婆看多久了，时间长了对孩子的视力有害。婆婆不高兴地说：“你这上的是什么班呀？宝宝好好的，你操什么心呀？”妈妈说：“两个人关心孩子总比一个人想得周到。”

过度关注的原因

◦ 养育焦虑情绪的表现

像齐齐妈妈这样的过度关注，在孩子低龄阶段并不少见。从某种意义上说，这是家长养育焦虑情绪、缺乏安全感的反映。**一切以孩子为中心，对孩子的关注事无巨细，担心稍有不慎就会对孩子产生不良影响，这是家长在早教心理方面缺乏安全感的表现。**紧张焦虑的养育心理容易使家长夸大孩子在成长中遇到的正常问题，进而过早、过多地采取行为干预孩子的正常成长。过度关注还容易加剧孩子以自我为中心的特点，对自己的需要过于敏感，对别人则缺乏理解，妨碍他正确认识自我与他人之间的关系，形成任性的个性。过度关注还像一把保护伞严严实实地笼罩着孩子，容易使他养成依赖心理，妨碍孩子独立自理能力的发展。

◦ 家长性格特点所致

有的家长具有在家做主、追求完美、敏感、喜欢亲力亲为、个人主观意志力强或者把孩子利益看得高于一切等特点，就容易过度关注孩子。

◦ 早教知识有限的原因

有的家长早教知识有限，对孩子成长发育的规律不甚了解，凭自然经验观察孩子，对孩子在成长发育中出现的新情况不能正确认识但又特别想搞明白，也容易过度关注孩子。

◦ 家庭结构特点

中国大多数家庭是小家庭，孩子得到的关注逐渐增多。经常可见只要是孩子的事情，家中所有大人都会前来关心问候。平时，爷爷奶奶、姥姥姥爷、爸爸妈妈时刻关照、陪伴孩子；节假日聚会，亲戚、朋友、同事坐一圈把孩子围在中心，不停地嬉笑逗引，一再欢迎孩子表演节目，掌声不断。得到爱与关注是孩子幸福的表现，但是过度关注会给孩子带来注意力不集中、不善于独处等不良影响，还容易让孩子变得“人来疯”。

避免过度关注的良策

◦ 降低育儿焦虑，放松养育孩子

父母都想给孩子提供最好的早教环境，但是由于现代育儿成本逐渐提高，加上生活和工作压力增强，有的家长禁不住产生育儿焦虑。实际上，最好的早期教育不在于昂贵的物质环境，而是和谐的夫妻关系和亲子关系。也就是说，“良好的关系”能够造就高质量的早教。

◦ 注重细节，但不要拘泥于细节

现在有一句话很流行：“细节决定成败。”但不能刻板地把这句话套用在早期教育上，否则也会引起家长的过度关注。有个孩子1岁半，出门不敢与人打招呼，一回家就很活跃。妈妈担心是不是孩子6个月的时候，自己的一次不慎行为给孩子造成了深刻的不良影响：那天，她把儿子交给陌生人抱，儿子不愿意，妈妈坚持让陌生人抱，儿子哭了。实际上，家长一次偶然的行为不会决定孩子的成长，只有长久的习惯行为才会深刻地影响孩子。

◦ 以一颗平常心看待孩子的成长

“一切为了孩子”的家庭价值观会使家长把孩子的需要看得高于一切，对孩子产生较高的期望值，难以一颗平常心看待孩子的成长特点。有的家长觉得孩子什么方面都应该好，不愿意接受孩子不如别人的地方。实际上，每个孩子都具有与别人不同的优点或缺点，家长要待之以客观的态度，与其他孩子之间可以有比较，但不要盲目攀比，在早教方面把积极的引导与耐心的等待有机地结合起来。

04 过度忽视

• 精选案例

小凯5岁，有一个3岁的患有白血病的弟弟。妈妈全身心地投入对弟弟的照顾，经常在医院隔离室陪弟弟。爸爸每天接送小凯上幼儿园，回家之后忙于工作，由大姨照顾小凯。小凯很聪明，但是情绪无常。如果哪天对劲了，在幼儿园里就坐得好好的，大声唱歌和回答问题。可是不知道什么时候他就不对劲了，会闹一天别扭：坐着的时候，椅子撅着，很危险；不听课，到处乱走；午睡的时候唱歌、大叫，影响别人；给他玩具玩，他说“我才不玩呢，玩具有什么好玩的”；讲故事他说不愿意听；户外活动时到处乱跑，老师拉着他的手，他就使劲蹬，边蹬边自言自语：“妈妈喜欢我，妈妈爱我。”老师听着心酸，知道他心里想念妈妈。

有一天，老师抱着小凯，揉他的双肩和双臂，他竟然很乖地趴在老师的肩膀上，让老师很感动。老师对他说：“老师喜欢你，对不对？”他不说话，老师又说：“你喜欢老师，对不对？”他说：“我就是不说。”他好像很担心说了，老师就不抱他了。一会儿，他又开始闹了。

小凯的性情让人难以捉摸：逆着他自然激起他的对抗，顺着他也不容易哄好，很难预料他下一步要做什么。老师真是不知道该怎样应对孩子的变化。

过度忽视导致孩子心理紊乱

现在每个家庭的子女少了，但由于社会变迁对家庭与个人生活的深刻影响，过度忽视孩子的情况并不少见。例如，父母在异地就业或工作繁忙，与孩子实际接触较少；父母离异，较少关注孩子等。小凯虽然不属于上述任何一种情况，但他同样承受了被过度忽视的痛苦。

小凯没有得到正常的母爱和父爱，家长以为有大姨照顾，自己很少关注孩子，只是在孩子犯错误的时候才出面严厉地对待孩子。这种家庭环境致使小凯识别他人的情感以及表达自己的情感模式都发生了紊乱，他确定不了是自己表现好能得到家长的关注，还是表现不好能得到家长的关注。因为他根据切身经验发现：本来家里人都在关心弟弟，自己再表现得乖乖的，就更没有人关注了；如果胡闹一番，虽然会挨骂，但好歹有人关注自己；挨骂之后他又发现好像自己乖一点，家长又对自己好一点。所以他迷糊了，自己到底应该怎样表现才能吸引家长关爱自己呢？这些矛盾导致孩子的行为令人捉摸不透。家长则把孩子捉摸不透的行为当成自己严厉管教孩子的原因，对孩子时而冷漠不关心，时而训斥责骂，却始终没有给孩子稳定的关爱，造成亲子关系的恶性循环。孩子不知道自己该令人讨厌点好，还是令人喜欢点好。

过度忽视是一种虐待

世界卫生组织把儿童虐待列为公共卫生问题之一。除了人们所熟知的身体虐待、情感虐待和性虐待以外，忽视也是一种虐待。它是指父母或主要照看者没有持续地为未成年孩子提供与其年龄相适宜的照料、关心、教育、监督等，导致儿童的身心健康和幸福生活受到伤害。

虽然没有人能够随时注意和满足孩子所有的需要，但其基本需要如果长期不被关注就会构成过度忽视，例如身体忽视、医疗忽视、教育忽视和情感忽视。其中，孩子在身体、医疗和教育上的需求是外显的，依托基本的家庭、医院和学校的供应就能在形式上得到满足。唯有情感需求是内隐的，在孩子不会主动提出情感需求，或者家长不敏于发现、不善于回应孩子情感需求的情况下，家长容易对孩子构成情感忽视，这是现代家长过度忽视孩子的主要表现。因此，家长不要以为孩子吃饱穿暖、不生病、有学上就是尽到了自己的职责，家长更要关心和满足孩子对爱、接纳、关注、尊重、自我实现等心理情感的需要，这才是真正给孩子营造了一段幸福的童年生活。

05 缺乏威信

• 精选案例

美儿爱吃冰激凌，可是她最近感冒了，妈妈不让吃，美儿就哭。但哭也不管用，妈妈还是没有答应美儿的要求。晚上下班回家，妈妈发现垃圾桶里有一个冰激凌纸盒，便问美儿是不是吃冰激凌了，美儿说没有；问奶奶，奶奶说妈妈走后，美儿总是闹，实在没办法了，就让美儿吃了一个。妈妈说以后不能再答应孩子的无理要求了，奶奶点点头。可是第二天晚上，妈妈又发现了冰激凌纸盒，奶奶说孩子想吃的时候除了哭，什么事情都不做，哭得满头大汗的，不听奶奶的劝告，奶奶就让她吃了。第三天是周六，妈妈没有上班，但需要在家里加班做文件。美儿还想吃冰激凌，奶奶说得听妈妈的，美儿就去求妈妈，妈妈不答应，美儿大哭起来，哭得妈妈心里很烦，没法静心工作，就让奶奶带孩子出去买了一个冰激凌。

三天来，虽然美儿吃冰激凌遭到过家长的劝阻和拒绝，但是最终她成功了，不但家长"吃冰激凌会生病"的理论不攻自破，而且孩子还掌握了迫使家长接受自己不合理要求的技巧。在孩子与家长的互动过程中，孩子不知不觉地扩展了自己的权限，家长则悄无声息地降低了在孩子心目中的威信。

有威信才有教育

孩子怎么变得那么不听话？家长好话歹话都说了，怎么还不奏效？如果有了这种感觉，那么就意味着孩子已经在暗暗地挑战家长的权威。个中缘由倒不是孩子故意对家长以怨报恩、忤逆不孝，而是在学习揣摩人与人之间的关系是怎样的，到底哪些权限是大人的，哪些权限是小孩的，彼此之间的“势力范围”又是怎样扩张和缩减的。

家长的权威和威信是家庭教育效果良好的保证。《颜氏家训》中说：“夫同言而信，信其所亲；同命而行，行其所服。”孩子心目中有家长的地位和威信是他们接受家长管教和建议的心理基础，一旦家长的权威动摇或者受到“创伤”，亲子之间的合作就变得不顺畅，很多时间和很多事情首先内耗在亲子之间谁说话算数的权力较量上，亲子合作因而变得效率低下，双方还会常常闹得不愉快。

孩子 2 岁开始挑战权威

在孩子的眼睛里，家长的教育权威体现在一系列规则的限定上：什么时候可以做什么事情，什么时候不能做什么事情；事情该怎么做，不该怎么做；如果不与家长配合，将要发生什么事情；发生的事情是自己乐意接受的，还是不乐意接受的。对家长的教育权威有所认知和试探是孩子智能发展的成果，至于他不与家长的教育权威相配合则是家长无形中将权威自愿削弱的结果。

2岁孩子有哪些能耐在悄悄地对抗着爸爸妈妈的权威呢？

◦ 开始知道家长是与自己有不同愿望的人

2岁之前的小孩只知道自己是有愿望的，并认为自己的愿望就是别人的愿望。现在，他知道大人有自己的愿望，当他感觉大人的要求与自己的愿望不符合的时候，他总想探个究竟：“这是为什么？我能不能使自己的愿望变成他的愿望？我一定要试一试！”因此，他的各种疑义和反抗都是这一心理驱动力的反映。

◦ 已经觉察到跟随、哭喊、翻滚、撕咬等行为是一种控制人的手段

以前的孩子完全受生理功能的支配，冷了、饿了、湿了才会用哭声招引家长，自己的生理需要得到满足也就不闹了。如果还有什么身外的想法，顶多是想让大人对自己说会儿话。现在就不同了，他的想法和心事多了，不如意的时候又调节不好自己，于是就黏着大人，如果大人不顺从自己，他就使出各种“绝招”控制家长。

◦ 第一反抗期的综合反应

家长一般都知道2岁孩子拉开了第一反抗期的序幕，可能将持续到5岁。这一时期的孩子什么事都要自己做，之前温顺听话的孩子变得急躁、不听话、调皮，不让他做的事情他偏要做，做得不好也得做。家长的教育权威他也要挑战。

总之，开始挑战家长的权威是因为孩子发现了“人各有志”的现实。在自我与他人需要之间的矛盾中该怎么办呢？大自然没有赋予孩子这个本能，主要看家长给他传授什么样的自由与规则界限。

维护和重建家长权威的良策

马卡连柯说：“威信本身的意义在于它不要求任何论证，在于它是一种不可怀疑的长者的尊严、力量和价值。”家长需要用心“经营”权威，不至于让孩子因你的疏忽而变得“目中无人”。

◦ 柔中有刚地执行规则

拒绝孩子并不意味着家长的态度就是严厉的、缺乏爱心的。家长告诉孩子规则后要坚定地执行下去，面临同一件事不要朝令夕改。

◦ 说话多使用肯定句

这有两方面的含义：其一，处于第一反抗期的孩子的口头禅是“不”，他要以此显示自己的存在。当家长征求他的意见时，他却常常不假思索地说“不”。既然这样，你就尽量避免说“我们吃饭好吗”，而是直接传达“我们该吃饭了”。其二，如果发现孩子不能做某件事，直接告诉他能做其他的某件事，并想办法转移他对原来事物的注意力。

◦ 别故意逗哭孩子

如果孩子的要求是合理的，就要满足他。有的家长为了逗孩子取乐，先故意说“不”，等孩子被逗哭了，才满足他。而孩子根本不可能理解大人的这种“恶作剧”，反而演练了用哭闹反抗家长的技术。

◦ 别让孩子“吃掉”家长的威信

与小婴儿相比，2岁以后的孩子身体发育速度没有以前快了，这意味着他们的食量不会那么快速地增长，而且还会吃一些副食和零食。可是家长往往忽略了这一特点，为了能让孩子多吃一口，“出点儿洋相”“丢点儿面子”都认了，暴露无遗的弱点被孩子一览无余，于是，孩子便用“吃”来挑战家长的权威。

06 严厉批评

精选案例

恬恬上幼儿园已经半年了，一直表现很不错。可是最近一段时间在幼儿园午睡时总是尿床。这天晚上，奶奶去接孩子，老师轻声地告诉她：“恬恬中午尿床了，裤子已经换下来洗干净了，现在还没有干，拿回家再晾晾吧。”奶奶一听，嗓门就大了：“这孩子怎么了？在家里从来都不尿床！以后中午你就别让她睡觉了！”老师说：“那怎么行呢？别的孩子都睡了，让她一个人坐着多孤单呀！”这时，奶奶把恬恬拉过来当着老师的面说：“以后中午不要睡觉了，你自己玩！”老师劝奶奶：“您让孩子放心地睡吧，我们会经常叫她的，别这样对孩子说话！”从这以后，不管老师怎么安慰恬恬，她都不再睡午觉。她静静地躺在自己的小床上，就是不闭眼睛，20分钟左右就要上一次厕所，其实也没太多的尿。尿床现象确实消失了，但是恬恬不敢在幼儿园睡午觉的“心病”一直存在。

严格要求不等于严厉批评

恬恬的奶奶确实不像很多家长爱“护短”，并且还会毫不留情地“揭短”，觉得这样对孩子的教育才是尽到责任、严格要求，但是这种方式让孩子承受了很大的心理压力。

当孩子不认错、知错不改的时候，家长需要批评教育孩子；当孩子已经知错、认错的时候，家长需要维护孩子的自尊。孩子尿床可能是白天喝水比较多，然后又玩累了，也可能一时贪玩忘记睡前撒尿，老师和家长应该不断提醒孩子按时尿尿，学会照顾自己。恬恬的奶奶虽然“铁面无私”，但是教育方法不当，挫伤了孩子的自尊和自信，恬恬只能用“牺牲”午觉的代价挽回奶奶和自己的“面子”。奶奶应该把恬恬拉到旁边，对着她的耳朵说悄悄话：“你肯定是午觉睡得太香了，所以才忘记尿尿。没关系，明天中午老师提醒你起床就没事了。”这样做维护了孩子的自尊和自信，她才能轻松而正确地面对自己的问题。

长期严厉批评的隐患

偶尔严厉批评会让孩子暂时感觉害怕、难过、不安，事后家长给予耐心解释和正面引导，不会对孩子产生太大的负面影响。这种做法偶尔出现对孩子甚至是有益的，但是长期采取严厉批评的教育方式对孩子的负面影响较大。

◦ 说谎

实证研究发现，严厉批评、吓唬和威慑会让孩子守口如瓶、撒谎狡辩，宽容和原谅则让孩子坦白诚实。例如，孩子打碎了花瓶，如果家长说："是你打碎了花瓶吗？如果你不说实话，我就不理你了。"孩子十有八九不说实话。如果家长说："是你打碎了花瓶吗？我知道你不是故意的，如果你说实话，我与你一起做一个好玩的游戏。"孩子十有八九会说实话。可见，说谎的孩子背后通常会有严厉的家长，因为他发现做错事说真话有遭到严厉批评与惩罚的危险，反之，他就会放弃警惕心理，因为没有说谎的必要。

◦胆怯

如果孩子经常挨骂，并且也不是太明白自己到底错在哪里，或者难以预料自己会不会再次出错，不管他是否做错事情，他一见到家长都会感觉紧张、害怕、不敢接近。这种环境下长大的孩子容易自卑、胆怯、懦弱，具有紧张不安、唯命是从、心理压抑、忧心忡忡的习惯性倾向。

◦孤僻

经常挨骂的孩子会感到孤独无援，尤其是父母当众骂孩子，会使孩子的自尊心受到伤害，孩子往往会怀疑自己的能力，自感"低人一等"，显得比较压抑、沉默。这种孩子往往不愿意与家长和老师交流，不愿意和小朋友一起玩，性格孤僻。

◦固执

动不动就受到严厉批评的孩子容易产生对立情绪、逆反心理。于是，有的孩子用故意捣乱来表示反抗，存心惹家长生气来表达不满，即使挨骂也不躲避，越骂越不认错，变得越来越固执。实际上，这样的孩子性格刚强、脾气倔强，容易被强硬手段激惹而变得更加强硬，而改变这样的孩子需要“南风效应”。

TIPS

南风效应

南风效应出自法国作家拉封丹的寓言故事。在这则寓言故事中，北风和南风想比试一下，看谁能把行人身上的大衣脱掉。北风气势汹汹地吹来了凛冽的寒风，行人为抵御刺骨的寒风而把衣服裹得更紧了；南风则徐徐吹动，周围顿时风和日丽，行人觉得越来越热，便脱掉了大衣。由此，南风获胜了。南风效应对教育的启示是，严厉批评只会加剧孩子的对抗情绪和防御心理，让亲子关系变得疏离，使沟通变得更加困难；温和的正面教育则能真正从内心感动孩子，化解心结，建立彼此信任的亲子关系，提高沟通交流的效率。

07 家庭矛盾

精选案例

宁宁4岁，爸爸妈妈都是大学教师，他们是与传统“严父慈母”恰恰相反的“严母慈父”。爸爸慈爱宽容，妈妈理性严格，他们的这种差别同样反映在对宁宁的教育方式上。爸爸的教学科研任务很忙，但自从有了宁宁以后，工作再忙，他也要抽出时间照顾宁宁，与她一起做游戏，宁宁的什么要求他都满足，只要他在女儿身边，他就不让宁宁发出哭声。妈妈并不是不温柔，也不是对孩子不好，而是觉得对孩子应该有所要求，不能孩子想怎么样就怎么样。于是，夫妻俩在教育孩子的时候总会发生矛盾。一天，宁宁又发脾气了，一脚把小椅子踢翻了，妈妈让宁宁扶起小椅子，宁宁不干，妈妈批评她，她就大声哭。爸爸听见了赶紧从书房里出来，知道是怎么回事以后，他对宁宁妈妈说："不就是一把小椅子吗？顺手扶起来就得了，至于把孩子说成这样！"说着就去哄宁宁了。妈妈见爸爸总是这么迁就孩子，觉得女儿会变得越来越不好调教。就这个问题，妈妈与宁宁爸爸沟通很多次，他总是说："小女孩娇气点是正常的，长大慢慢就好了。"

孩子是家庭矛盾的"替罪羊"

爸爸妈妈对宁宁的管教相差得过于悬殊，造成宁宁在感情上对父母的偏爱不均，妈妈一对宁宁有所约束，她就用大哭、打滚等方式向爸爸呼救。此外，这还使她形成任性的性格，难以接受外面的行为规则。幼儿园老师组织小朋友们一起做集体游戏，宁宁随时都可能从集体中溜出来，马上就得有一个老师跟在后面，劝她回到集体中，她不听；拉她回来，她就与老师哭闹。老师跟家长沟通，妈妈只是诉苦，说丈夫和女儿都不听自己的；爸爸则一味道歉，说麻烦老师了，但在管教方式上没有改变。现在，这种情况还影响了宁宁对外界环境的适应能力，全班其他小朋友都能在一定程度上配合老师，只有宁宁显得另类，高兴了就跟着老师比画一两个动作，不高兴了就对老师的教育置若罔闻。

家庭成员在教育方式上形成差异，与他们个人的生活经历和受教育经验等因素息息相关，这是不可避免的，但这种差异过于悬殊，对孩子的伤害是比较严重的。因为**教育方式直接作用于孩子的行为评价，使孩子呈现出一定的行为倾向，进而成为建构性格的一个要素。**

当谈到家庭矛盾的时候，我们会更多关注夫妻矛盾、婆媳矛盾、姑嫂矛盾……很少会提起教育矛盾。其实，教育矛盾是家庭矛盾的一种，而且集中作用于孩子的成长过程。教育矛盾还具有隐蔽性和长期性，不会从根本上触及家庭的“和气”，因此很容易被人忽视。可是，生活于其中的孩子是无法选择的，往往成为家庭教育矛盾的“替罪羊”。

改变孩子从改变家长开始

有研究发现，婴幼儿在很小的时候就能够建立起内部工作模型，这是孩子对自我、重要他人（如父母或其他看护者）及自我与他人的人际关系的稳定的认知模式。婴幼儿在内部工作模型的运行下，依据自己对人际关系的“洞察”，最终形成自己行为的组织化和整体化。如果成人对待孩子的态度和行为是矛盾的，他就无法建立稳定的认知模式，他的情绪、态度和行为也就常常显得难以预料，让人无法理解。而家长对孩子出现的问题进行归因的时候，常常意识不到自己身上的问题，反而单方面指责孩子的过错。殊不知，家长的教育矛盾不做调整，孩子就会接二连三地出现问题。因此，要想改变孩子，家长同时要改变自己，这样才能恢复良好的家庭互动关系，促进孩子的健康成长。

TIPS

父母不要各自为政

2000多年前，战国时期的思想家韩非子说："一家二贵，事乃无功；夫妻持政，子无适从。"这句话从家政管理和家庭教育两方面说明了家庭矛盾对孩子的不利影响，即一个家庭里如果有两个家长争权夺利，则"家事"不会兴旺发达；如果对子女的管教一个人一个主意，子女就无所适从，最后将是谁的教导也不管用了。

08 啰唆唠叨

• 精选案例

曾经读过一篇发表于《童话报》的作品，名为《特殊商品》。故事说的是一个叫乐乐的孩子要把爸爸妈妈摆在柜台上，像其他玩具一样卖掉，原因是"爸爸动不动就发火，吓得我胆子越来越小；妈妈倒不发火，就是总在唠叨——吃饭时她说‘乐乐小心别噎着’，结果我真噎着了；过马路时她说‘乐乐小心别摔跤’，结果我一分神，真被小蚂蚁绊了一跤！”乐乐觉得整天哄着这样不称职的父母，是一件很累的事，所以要把他们卖了。后来出现了一对想买爸爸妈妈的女孩和男孩，但是看了“产品说明书”后，他们说：“爸爸爱发火、妈妈爱唠叨——这样的父母养起来会很麻烦的。”结果不要钱白送这样的爸爸妈妈都没人要，乐乐觉得不能给售货员阿姨再添麻烦了，只好把自己的爸爸妈妈又领回去了。

这虽然是一则童话，却曲折地反映了孩子的心态，爱啰唆唠叨的爸爸妈妈劳累而低效，甚至起相反作用。

啰唆唠叨产生超限效应

有句俗话：“好菜连吃三天惹人厌，好戏连演三天惹人烦。”同一刺激对人的作用时间过长、强度过大、频率太多，会使神经细胞处于抑制状态，让人产生极不耐烦的心理体验，心理学称为“超限效应”。这一概念来自美国著名作家马克·吐温的故事。有一次，他到教堂听牧师演讲，最初他觉得牧师讲得很好，令人感动，准备捐出自己身上所有的钱。过了10分钟，牧师还没讲完，他有些不耐烦了，决定只捐一些零钱。又过了10分钟，牧师仍然没有讲完，于是他决定1分钱也不捐了。

这种因超限而产生的逆反心理在家庭教育中也时常出现。家长单调的重复说教，使孩子就像《特殊商品》中所描述的一样，认为妈妈是不合格的“坏妈妈”，或导致孩子采取“一只耳朵进、一只耳朵出”的自我保护办法，有的孩子则显得攻击性行为较多，抑或退缩、胆怯。因此，孩子的一些所谓问题行为是与家长不良的教育方式密切相关的。

反复教育不等于啰唆唠叨

啰唆唠叨会产生超限效应，家长自然而然就会质疑：“说一遍，孩子不听怎么办？不让重复，怎么管教孩子？”确实，很多教育要求都不会产生立竿见影的效果，免不了有婆婆妈妈的一面。然而，教育的反复性不等于单调的重复啰唆，需要家长有处理问题的教育智慧。也就是说，我们可以根据情境状况，采用多种方法，通过多种途径实现同一个目标和要求，这样就减少、避免了孩子的超限逆反心理。

◦ 灵活多样地提要求

一般情况下，我们会直来直去地向孩子提要求，虽然孩子已经明白爸爸妈妈的要求，但因为小孩子的长时记忆能力有限，自我调节能力有限，他们常常会忘记爸爸妈妈的话。我们可以根据幼儿具有泛灵心理的特点，借助孩子喜欢的动画、神话或童话故事形象，寄寓我们的希望和要求。因为动画、神话和童话不但趣味横生，而且教育内涵丰富，家长可与孩子一起观看、阅读，适当的时候就可以“引经据典”，变着花样给孩子提要求。

◦用清晰的言行表达要求

孩子的思维具有具体形象性，他们对抽象概括性的语言和现象常常不能完全理解。也就是说，他所理解的话与家长的本意有一定距离。比如，孩子画画了一半、玩具收拾了一半，就改换成其他游戏，家长总是教育孩子：“做事要有始有终，不能半途而废。”孩子的理解则可能是：“我一会儿还要画画、玩玩具，我是有始有终的，没有半途而废。”因此，孩子经常以“我一会儿还要玩呢”为反驳理由就毫不出奇了。

与其反复向孩子传达这样模糊的信息，不如变成对千变万化的具体情境进行评价，督促孩子把事情做完。比如，孩子没有画完画，家长可以说：“哎呀，好遗憾呀，这只小猫没有小鱼吃，它会饿坏的。”“森林里的大树怎么只有这么几棵呀，小鸟晚上就回不了家了！”诸如此类的点评要比“上纲上线”的定性评价有效得多。

◦简洁的行为示范和引导

孩子越大越会顶嘴抵抗，针对这种情况，家长不要总是依赖语言对孩子进行反复提醒，简洁的行为示范和引导常常对孩子具有影响力。家里要来客人了，爸爸要求楠楠在客人来之前把地板上的玩具收拾好，而此时她正在看电视。听到这个任务，楠楠一面哭一面与爸爸争辩并继续看电视。爸爸走到她跟前，再次平静地要求她把玩具收拾好，然后拉着她到玩具散落的地方，手把手地引导，迫使她收拾玩具。他丝毫不理睬女儿的抱怨，但是当楠楠服从要求、收拾玩具后，爸爸就撤回了行为引导。楠楠把玩具收拾整洁后，爸爸说了声“谢谢”并让她接着看电视。出现类似情况，爸爸妈妈可以用这个办法矫正，而不是反复责备：“你为什么不收拾玩具？”

09 父爱缺失

精选案例

一天，一位父亲主动打电话来咨询。孩子已经上小学五年级了，但是比较娇气，不像个男子汉。自己带他出去做个运动项目，他先是胆小害怕不敢动，硬把他拽到操场之后，还没锻炼一会儿就说累了，缺乏韧性。父亲开始反省自己对孩子的教育没到位，觉得工作忙是一个理由，但主要原因是自己没有意识到在孩子小时候父亲的作用那么重要，自己对孩子的教育不是很上心。他甚至担心现在幼儿园小朋友的爸爸也像他一样，把孩子交给妈妈和老人就不管了，平时又娇惯孩子，结果把男孩当女孩养，把女孩当宠物养。

父爱不可替代

这位父亲很诚恳地在反省自己，并以一个过来人的忧患提醒后来者不要重蹈覆辙，现身说法，真挚感人。虽然通过亲身体验得到的教训与真知总是比孩子的成长晚了一步，但是“亡羊补牢，未为迟也”，对于在园幼儿的家长来说更是有益的预警与提醒。

大量的研究成果表明，父亲对孩子的积极影响是非常重要和不容忽视的。著名心理学家格尔迪说：“父亲的出现是一个独特的存在，对培养孩子有一种独特的力量。”由于母亲往往具有过度保护、喜爱整洁、好静不好动等特点，孩子的许多“恶作剧”被她们禁止，如爬树、堆沙、玩泥巴、踢球、与同龄儿童追逐打闹等，孩子只能进行一些小动作、小范围、比较安静的游戏，这对孩子的身体发育和性情培养，尤其是对男孩的成长极为不利。父亲则通常鼓励孩子冒险、探索，玩一些动作幅度比较大的游戏，这对孩子的身体素质和热情、开朗性格的培养都是很有益处的。亲近父亲的孩子还容易获得如下品质：适度沉默、淡化烦恼、幽默诙谐、尊重他人隐私、抗挫折能力强。这些品质对孩子的交友及守信将产生重要影响。

工作忙不是理由

“父爱不可替代”与“父亲比较忙碌”之间的矛盾确实是现代父亲遇到的难题，但教育效果并不是完全由时间长短和距离远近决定的，高品质的父爱是最关键的。

首先是父亲的教育用心。如果父亲把孩子的事情排在自己的日程表里，总能抽出时间与孩子亲密接触，哪怕只是短暂的时间。即使在外出差应酬，也可以见缝插针与孩子沟通谈话，给孩子说心里话的机会，并交代孩子怎样照顾好自己、照顾好妈妈，让孩子感受一家人相亲相爱的温暖。对于孩子来说，深厚的父爱蕴藏在心里会产生积极的成长力量。

其次是父爱的榜样力量。父亲可在生活的许多细节上展示独特的魅力。例如，在家里多分担一些体力活，并给孩子提供当小助手的机会，培养孩子的责任感；带头照顾好家人，第一个进门为家人开灯，最后一个出门检查门窗，并告诉孩子为什么要这么做，提高孩子的认知水平；出门主动让座，排队等候，大度宽容，堵车不骂人等。榜样会对孩子发挥行胜于言、潜移默化的教育力量。

最后，尽量来园接送孩子，参加幼儿园的家长开放日或者其他重要活动。爸爸出现在幼儿园会让孩子感觉非常快乐与自豪！

迟到的父爱遭遇尴尬

• 精选案例

刘先生的儿子已经上小学了，在班里成绩靠后。刘先生被老师请到学校多次，他很后悔自己没有早点参与到孩子的教育中，一直都是妻子管教孩子。现在孩子身上出现的突出问题是，每天晚上书房里都充满了妻子与儿子的争吵声以及儿子的哭声。他发现现在的妈妈管教孩子有两个极端，要么特别溺爱，要么特别严格，甚至比父亲还严格。每天孩子写作业时，妻子跟儿子在一起不到半小时就急了，吵得一塌糊涂。刘先生在客厅里听得难受，心里闹腾，就把妻子叫出来，自己进去辅导儿子，结果发现儿子确实不争气，他跟儿子待1小时以后也会着急。

刘先生现在想给予孩子迟到的父爱，但是遇到的尴尬有三：一是自己与妻子对教育孩子的看法不一样，一沟通就有分歧，两个人很容易生气、吵架，虽然知道在孩子面前不能争吵，但有时还是忍不住；二是妻子已经有管教儿子的习惯了，现在要她改也改不了；三是孩子的许多坏习惯已经形成，矫正起来很不容易。

“亡羊补牢，未为迟也。”但是实际上，迟到的父爱与现实的母爱做到自然衔接、相互弥补前确实会遇到像刘先生那样的问题。这说明教育孩子是父亲与母亲应该同时、共同承担的责任，而不是先后、单方承担的责任，就像有的父亲想当然地说：“孩子小时候交给他妈，长大了我再教孩子学本领，因为小时候主要是吃喝拉撒睡等生活琐事，没有大老爷们儿什么事。”这种说法也被很多母亲所接受，但这是父爱的误区，是早教的误区。

父爱与母爱应同时到位

美好的生活应该是完整的，完整的生活造就健全的心灵。孩子的生活内容越完善，发展得越好。父亲与母亲有不同的教育风格，相互补充，有助于全面发展孩子的基本素质。例如，一般情况下，母亲比父亲更加细致，而对孩子的健康成长来说，孩子既需要母亲细腻的养育风格，也需要父亲粗放的养育风格，两者具有相得益彰的作用。父亲与母亲相互配合养育孩子，孩子会更加出色。

教育孩子是家庭中的一件大事，需要父亲和母亲经常协商，而父亲与母亲来自不同的原生家庭，有着不同的生活和文化背景，形成不同的价值观念、性格特点和教育方式，其间会有协调一致的地方，也难免存在矛盾冲突之处，需要一个磨合过程。夫妻关系需要长期磨合才能达到融洽默契，教育孩子也是一样。夫妻间经常沟通、细致交流才能相互启发、相互配合。如果平时沟通交流不够，遇到问题容易各说各话，双方都说很多，但谁也听不进对方的意见，结果沟而不通，不欢而散。

著名教育家苏霍姆林斯基说：“做了父亲和做了母亲，这是人的第二次降生。”这指的是父亲意识与母亲意识的降生。在孩子的早期生活中，母爱和父爱应该同时到位，任何一方都不要迟到，更不要缺席！

10 曲解误会

教育孩子的前提是了解孩子，不了解孩子就难以保证教育方法的针对性。带着误解教育孩子，可能比不教育还要糟糕，因为误解的教育可能会激惹、打击、延误孩子。

误解孩子的危害

○激惹孩子

● 精选案例

一天，阿姨抱着6个月的孩子走回家，顺手把遮阳伞放在桌子上，孩子开始变得焦急不安起来。阿姨以为孩子要这把伞，就微笑着拿起来给她，孩子继续尖叫，阿姨用其他办法安抚孩子也没有用。阿姨突然意识到伞原来还在桌子上，就把它收好放在另一个房间里，孩子立刻安静下来。

类似的情况也发生在其他孩子身上，例如家里来了客人，坐在平时爷爷坐的位子上，孩子就不愿意，非让客人离开爷爷的座位才安静下来。孩子的这些行为常常被家长理解为固执、没礼貌，其实这是3岁以下孩子正在建立秩序感。**理解和尊重孩子建立起来的秩序感可以给孩子带来安全感。**

○打击孩子

● 精选案例

在玩具店，一个小男孩和一个小女孩都挑选了心仪的玩具，爸爸妈妈正在排队付款。两个孩子彼此发现了对方手里的玩具，互相看着，都没有说话。一会儿，小男孩走向小女孩，伸手摸她的玩具，小女孩赶紧转身不让摸，小男孩就跟着她转身，还要摸玩具。这时，小女孩的妈妈看见了，大声对小男孩说："坏孩子才抢别人的玩具。"然后把女儿抱过来，小女孩吓哭了。小男孩的妈妈听见了，对儿子说："一个玩具有什么稀罕的，想要什么玩具，妈妈现在就给你买。"

其实，两个家长都误解了孩子，男孩只是因为对玩具感到好奇而产生了交往的需求，而孩子尚小，用肢体动作代替了语言交流，才发生了一次不成功的交往。如果家长理解孩子的心理，并引导他们采取正确的交往方式，就不会出现家长之间的对峙，孩子之间的紧张局面也能得到缓和。

◦ 延误孩子

• 精选案例

几个孩子在操场上玩，金金跑过来向健健妈妈告状："健健打我了。"妈妈就问健健为什么打金金，健健说："是她先打我的。"金金说："我没有打你，我想拉你一起玩。"妈妈说："金金想跟你一起玩，你不想玩就说清楚嘛，为什么打人？”健健发怒了：“是她先打我！”妈妈生气了：“你这孩子还狡辩不承认，不爱玩就跟我回家！”健健气得跑开了，妈妈在后面追。在幼儿园里，老师也反映健健小气、爱生气，别人碰他一下，他就不乐意，非要反击一下不可，小朋友经常告他的状。

事实上，健健存在触觉过分敏感的问题，这是由于早期触觉发育不完善造成了感觉统合失调，致使他对触觉刺激缺乏安全感，不喜欢与他人的身体亲密接触。健健需要采取一定的措施锻炼触觉适应能力。如果家长意识不到这一点，延误了3～9岁的最佳训练期，孩子的情绪发展、人际交往和学习能力都会受到不良影响。

防止误解的良策

◦保持冷静，调查了解

孩子做了一些不适宜的事情之后，家长首先要保持冷静，先调查了解。孩子的语言表达能力有限，遇到问题常常不善于用语言解释，所以家长一定要给孩子预留沟通交流的机会。年龄幼小的孩子不会用语言表达自我，家长要先观察、调查，努力理解孩子的真实动机。

◦换位思考，尊重孩子

做父母就意味着在责任感上“高孩子一等”，在理解童心上“与孩子平等”，如果总是以成人的标准去衡量孩子的行为，容易犯误解孩子的错误。长久以来的权威感使家长已经不习惯、不熟悉孩子的思维方式，常常不由自主地将成人的意志强加给孩子，一旦孩子做出与成人的期望不相符的事情，误会就产生了。所以，家长要常常蹲下来进入孩子的内心世界，进行换位思考，尊重孩子的心理发展规律。

◦加强学习，解读童心

有的家长认为：“生他养他，我还能不了解他？”“他眼珠子一转，我就知道他在想什么。”“小孩子肚子里那点弯弯绕，还能骗得了大人？”这种过于自信的态度容易让家长误解孩子。实际上，童心世界是一本越读越深奥的书，是人类最难攻克的谜题之一。虽然为人父母，也要加强学习，了解孩子在各个时期的成长特性和心理特点，以专业的视角解读孩子的行为，才能避免对孩子的认识停留于表面，挖掘到孩子行为背后的真实心理诉求。

◦误解之后，真诚道歉

成人误解孩子是难免的，如果善后工作做得好，就不会给孩子留下心理阴影。家长发现自己误解孩子之后，真诚地向孩子道歉，并告诉孩子下次再遇到这种情况自己会采取的正确做法。孩子不但能读懂家长的诚意，挽回自尊，还能向家长学习坦诚的态度和知错就改的好行为。

附录

孩子常见的情绪问题咨询

0～1岁孩子情绪问题咨询

关键词：害怕陌生人

Q：女儿6个月了，一看到陌生人就吓得直哭，一个劲往我怀里钻，但她看别的同龄宝宝一点都不怕生。我担心极了，女儿怕生会不会影响她将来的人际关系？有什么有效的方法改变女儿吗？

A：在早教咨询中，关键词为“怕生”“胆小”“内向”的问题是最多的。从积极意义上来说，“怕生”是孩子社会性发展到一定程度的体现。0～3个月的婴儿对谁的反应都一样；3～6个月的婴儿能够区别出熟人和生人，对熟人的反应比较积极，排斥生人。可见，你的女儿恰恰处于这一发展阶段，这是孩子发展的共性。当然，你可能纳闷跟她同龄的宝宝怎么就比较“潇洒”呢？每个孩子生而具有的遗传因素有差异，出生以后的家庭教养环境也是千差万别，于是内因和外因一起造就了个性十足的孩子。

首先，请放松心态，不必“担心极了”。如果孩子见到陌生人吓得直哭，一个劲往你怀里钻，你别对孩子发火，安慰安慰她，如果她不再哭、钻，只是依偎在你怀里不肯出来，就说明孩子是正常的害怕，而不是极度的恐惧，问题不大。其次，说到锻炼孩子的胆量，可以把长远之计和近期办法相结合。从你发现孩子胆小的状况起，你可以经常带孩子出去，让她多见识见识家门以外的世界。与陌生人磨合多了，她的害怕心理就减少了。长远之计可以借鉴多元智能理论，以强势领域带动弱势领域的发展。你观察女儿对哪些事物感兴趣，多培养一些她在这方面的能力，她表现自己的机会多了，自信心增强了，怯生的心理就会逐渐减弱。

关键词：入睡困难

Q：宝宝出生1个月的时候，夜里不睡白天睡；2个月的时候，睡觉时间矫正过来了，可是临睡觉的时候他会把大人累个半死。你得抱着他摇，放在小车上根本不行，他很容易醒了再哭闹，等他睡熟了才能放在床上，否则他醒了又得抱着摇，前功尽弃。宝宝睡觉为什么那么麻烦？我怎样才能像别的妈妈一样不那么累？

A：从你的描述来看，宝宝属于难养型气质的孩子。难养型的宝宝可能吸几口奶就不吃了，一会儿饿了就哭，吃几口就又歇歇，夜里睡觉要醒很多次，妈妈就比较辛苦。研究发现，难养型气质的宝宝会直接影响妈妈的爱心、耐心和教育方式，容易激起妈妈的消极情绪和简单粗暴的教育态度，从而干扰难养型气质的宝宝向着适应良好的方向发展，导致恶性循环。面对难养型宝宝的先天气质，没有太好的捷径可以迅速有效地改变孩子，唯有妈妈坚定自己养育宝宝的耐心和信心，保持平和的情绪，引导孩子渐渐提高适应性。

关键词：不愿出去

Q：宝宝10个月，一直由保姆带着，不喜欢去外面玩。我每次带她出去，她不到10分钟就闹着要回家，在家里一个人却玩得很开心。小时候有段时间她还要求我带她下楼玩，现在却拒绝出去玩了，即便出去也是静静地待着，不与人交流。如果突然出现陌生人，她就吓得躲起来，要求回家。宝宝怎么变得胆小内向了？

A：宝宝不愿意出去玩的原因主要来自两个方面：一个是养育方

式，另一个是心理发育。如果保姆人生地不熟，或者老人身体不好、行动不便，她们倾向于不出门在家里照料宝宝，比较安全、省力，也免得与陌生人打交道比较难为情，那么宝宝习惯了待在家里就不愿意出门了。同时，宝宝6个月以后会出现害怕陌生环境和陌生人的心理变化：在此之前，宝宝在认知方面还没有明确的陌生与熟悉之分，可谓“初生牛犊不怕虎”，在哪里都无所谓；现在不一样了，他开始有陌生与熟悉的概念，并选择熟悉环境、害怕陌生环境，所以会自然地出现胆小的表现。这是宝宝认知水平发展的标志，家长不要责怪宝宝胆小，更不要当着宝宝的面说“这孩子胆子小”。错误地贴标签会给宝宝带来消极的暗示。妈妈要主动带宝宝经常出去看看。当宝宝害怕陌生人的时候，不要强迫宝宝与人打招呼，多出去几次、多见见人，宝宝自然就能克服害怕情绪，培养出安全感，逐渐就能坦然接受新环境和陌生人了。

关键词：不愿回家

Q：宝宝11个月，睡眠不多，白天精神很好，可是不愿意待在家里，整天就喜欢在外面转悠，每天都是天黑了，外面什么也看不见了才不得不回家。这要是到了冬天怎么办？整天在外会不会着凉？宝宝为什么不愿意在家里玩呢？

A：宝宝喜欢在外面玩，能够呼吸新鲜空气，观察自然景物，促进人际交往，有助于身心发育，比总是关在家里有益得多。然而，这会让带养者比较劳累，因此可以为宝宝准备一辆手推车，避免总是抱着他。同时，注意1小时以内就应该回家一次，换换环境、喝喝水、休息一下，并且边回家边与宝宝交流，帮助宝宝明白时常回家的道理。妈妈担心冬天宝宝总在外面可能会着凉，是有道理的。因此，宝宝闹着出去的时候，妈妈一出门就抱紧宝宝说：“哎呀，好冷呀，还是在家里暖和。”或者说：“外面冷，着凉了会很难受，不能玩了。”同时，家长需要提高在家里带宝宝的游戏水平，跟宝宝说说话、讲讲故事、翻翻书、做做游戏，让宝宝的手里有可以不断把玩、操作的物品或者玩具，在一个房间玩玩再换一个房间玩玩，在床上玩玩再在地垫上玩玩，有时可以让他在小车里走走，或者在走廊里转转。总之，尽量安排丰富的活动，打破单调的气氛，就能吸引宝宝在家里快快乐乐地生活。

关键词：太依恋妈妈

Q：宝宝6个月了，从出生开始就一刻没离开过我。我觉得他对妈妈太依赖了，只要我在家，他就让我抱，不让爷爷奶奶抱；他很聪明，半夜醒了，即使不睁眼也能感觉到是谁在抱他，从爸爸手里换到我手里，他就安静不哭了……这样把我搞得很累，而且我很快就休完产假，该上班了，硬离开宝宝是不是挺伤害孩子的，怎么办呢？

A：宝宝依恋妈妈是正常现象，这种情况会一直持续到他2岁以后，“累并幸福着”是这一阶段妈妈的感受。事实上，这时不但宝宝强烈地依恋妈妈，妈妈也强烈地依恋宝宝，生活、思维、情感的重心都会偏向宝宝。但是妈妈不用过分担心宝宝的适应能力，如果妈妈因为工作和生活的需要而暂时离开宝宝的话，宝宝会难过、哭泣甚至吵闹。但这种正常的分离和分离焦虑不会对宝宝造成伤害，反而是促进宝宝心智成长的正常经历。体验正常的、完整的普通生活，是宝宝身心健康发展的基本保证，家长不宜人为地给宝宝营造百依百顺的温室环境，这反而会降低孩子对生活的理解力和适应力。同时，妈妈要有意带领宝宝多参与新环境、多接触新人物，每次时间可不长，但要频繁，这有利于宝宝对外界产生安全感，避免过度、过久地依赖妈妈。

关键词：害怕成年男人

Q：我的宝宝7个月，是个男孩，但是他见到男人就不敢看，低着头或者扭过头去，不理人家，见到小男孩没有关系，这是为什么？妈妈应该怎么教育宝宝？

A：害怕是人适应外界过程中自然产生的一种常见情绪，每个宝宝在不同的年龄段都会有不同的害怕。至于为什么有的宝宝会怕这种事物、这种人，有的宝宝会怕那种事物、那种人，与每个宝宝对某种事物或某种人的敏感度不同有关。不管是什么样的害怕，都是宝宝对所怕对象还没有产生足够的安全感所致。随着生活经验的不断丰富，随着宝宝对各种事物的了解及其安全感逐渐加强，宝宝能够自然而然地克服很多的害怕。但前提条件是，妈妈不要急着强迫宝宝去接近害怕的对象，这会干扰宝宝自我成长的自然节奏，可能导致欲速则不达的相反结果。当然，如果宝宝的某种害怕影响了正常生活，例如导致睡眠不踏实、食欲降低、出现腹泻等症状，则需要去儿童医院听听专业的咨询建议。

关键词：男孩胆小

Q：我家宝宝现在7个半月，是个男孩，特别认生，见到来家里串门的朋友或是带他去一个不常去的地方就哭，甚至有时候我们说话声音大了他也会被吓哭。请问有什么好的方法可以使男孩子变得胆大一点儿？我想带他去上早教班锻炼锻炼，不知是否有效？

A：对于小宝宝来说，男孩并不必然比女孩胆大，胆量是后来社会化训练的结果。6个月以后的宝宝正是怕生的时候，陌生的环境会让他感到害怕，家长不要以为这是孩子胆小的表现，是孩子的缺点，其实这正是1岁以内宝宝的正常特点，甚至是宝宝智力发展的表现。家长不要批评孩子的胆怯，反而要特别有耐心，尽可能让他按照自己的节奏克服胆怯，在希望他有明显改善之前，先给他几个月的调整时间。这段时间里，丰富他的生活经验，才会令他感觉陌生环境原来没有那么可怕。1岁以内的宝宝不宜长时间待在同一个室内公众场所，如果上早教班，可以尝试小时制的早教活动，宝宝自然适应陌生环境的过程，对锻炼胆量有一定好处。

关键词：任性

Q：宝宝11个月，一次带她去宾馆吃饭，服务员上完菜，她却不吃，啊啊地指着服务员，然后就拉着我走。我以为她要去厕所，到了厕所，她却不进去，但也不肯回座位吃饭，很固执。我把她抱回来，她就哭起来，怎么跟她说也不行。宝宝是不是太任性了？

A：1岁宝宝还不能用语言表达自己的心理活动，需要通过大人的猜测来进行交流。如果大人猜得不对，他们可能就会着急。宝宝的这种表现不能被视为任性，所以不要责怪宝宝。你的宝宝在宾馆里的表现可能是她的客体永久性的发展导致的。客体永久性是9～12个月宝宝思维发展的一个重要标志，即当事物不在眼前的时候，宝宝也能记住它，并渴望找到它。9个月之前的宝宝通常没有这种能力，把眼前的事物挪走，就以为事物消失了，也不再寻找。宝宝指着服务员，可能是对服务员或者服务员端的某种饭菜感兴趣，希望再看见它，但是服务员转身走了，她就想跟随服务员找到它。有的宝宝还会表现出不达目的誓不罢休的“任性”。可以与宝宝玩“藏猫猫”的游戏满足她的心理发展需求，例如当着宝宝的面把一个玩具的部分或者全部放在盖布下面，妈妈说：“怎么不见了？哪里去了？”鼓励宝宝去找。

关键词：突然脾气急

Q：宝宝8个月了，性格一直比较温和。前一阵子生病了，现在已经痊愈出院，但是她的脾气变得比较急躁，稍微不顺心就生气哭闹，这是怎么回事呢？是不是8个月的宝宝具有这种特殊性？

A：一般情况下，2岁左右的宝宝才会在性情方面出现比较大的变化，进入孩子人生的第一心理反抗期。8个月的宝宝在身心发展方面没有什么特殊性会导致他性情发生很大变化，除非出现一些特殊的生活事件，例如生病。宝宝生病时，很多家长都比较紧张和焦虑，对宝宝的要求百依百顺，家长的情绪、态度和过度关注让宝宝享受到了平时得不到的“特殊待遇”，使她滋生了一些特殊心理需求。疾病过后，宝宝的身体恢复健康了，但是心理状态还没有完全恢复，可能比较娇气，有点要求不满足，就哭得像个泪人似的；可能脾气特别大，不像以前那样乖，总想迫使大人让着她。因此，家长不但要照顾孩子的身体健康，还要关注孩子的心理健康。病前别让自己的紧张情绪吓着宝宝，病中教育宝宝勇敢面对困难，病后与宝宝一起恢复平常心。

关键词：害怕坐电梯

Q：8个多月的儿子似乎特别害怕坐电梯，一上去就很紧张，是因为他胆子太小吗？可他以前不是这样的。

A：宝宝出生以后，除了不断发展自己的嗅觉、味觉、听觉、视觉以外，还会发展平衡觉，如果宝宝的身体陡然失去平衡和支撑，他会产生害怕的感觉。而电梯升降时的快速运动就会导致宝宝的身体暂时失衡，让孩子感到害怕。如果妈妈紧紧抱着宝宝，他的身体与妈妈的身体紧紧贴在一起，而妈妈的平衡性较好，会增强宝宝的平衡性和安全感，可能偶尔出现一次没站稳的情况，身体的猛然晃动就吓了他一跳，所以这不是宝宝胆小胆大的问题。再坐电梯的时候，妈妈可以抱紧宝宝，并安慰宝宝不要怕，跟宝宝说："妈妈会保护你！"同时，采取一些分散宝宝注意力的方法，例如看看电梯里面的镜子、观察电梯数字的变化、说一些有趣的事情等，帮助宝宝放心乘坐电梯。另外，狭小、昏暗、封闭的老电梯容易让宝宝害怕，妈妈可以先带宝宝乘坐商场里面宽敞、明亮、开放的扶手电梯，培养他坐电梯的平衡感和安全感。

1～2岁孩子情绪问题咨询

关键词：咬人

Q：儿子1岁多，一兴奋起来就不由自主地咬人。和他讲道理，有时还能起一定作用，但他马上就会忘，有时讲道理他也不听。请问我们应该怎么做才能让孩子改掉这个坏毛病？

A：宝宝最初咬人是生理性原因，尤其是长牙时期因为牙龈黏膜受到刺激而发生牙痒的现象，于是有的孩子会用咬人来缓解。这时给宝宝提供磨牙棒、磨牙饼干或者将一些纤维较丰富的新鲜蔬菜及水果，如白菜、菠菜、苹果、雪梨，切成丝或颗粒状，为宝宝提供咀嚼机会。有的宝宝咬人属于心理性原因，是需要矫正的不良行为习惯。当宝宝咬人的时候，妈妈要制止宝宝的这种行为，告诉他："妈妈不喜欢宝宝咬人。”并为他示范用语言表达需求的方法，让他了解和实践文明的语言交流方式。也有的宝宝咬人是模仿妈妈的行为。有的妈妈喜欢宝宝细嫩的皮肤，与宝宝玩得高兴的时候，禁不住想亲近宝宝，并采取轻轻地咬宝宝胖乎乎的胳膊、脚丫或小屁股的方式，宝宝以为高兴了就可以这样做，所以他一兴奋起来就不由自主地咬人。如果是这种原因，妈妈就要注意自己先不要咬人了。

关键词：生气

Q：腾腾现在21个月，可最近不知道为什么，只要要求得不到满足他就会哭，或生气地躲到某个角落。我现在真发愁，怕他以后老是这个样子。我在生活中该如何引导？

A：21个月的宝宝正处于情绪情感发育的关键时期，这时候也是培养宝宝学习调节情绪的好时机。当宝宝哭或者躲到某个角落的时候，妈妈首先要帮助宝宝认识自己的情绪，妈妈可以蹲下来，看着宝宝亲切地问：“宝宝哭（不高兴、生气）了，是吗？”这种询问也让宝宝觉得自己的情绪被妈妈接纳了，他会放松很多，有的宝宝甚至会委屈地依偎在妈妈怀里。妈妈再把宝宝抱起来，或者搂着宝宝说：“没关系，妈妈与腾腾一起想办法。”这样做并不是要完全接受宝宝的无理要求，也不是讨好、迁就、乞求正在生气的宝宝，而是让宝宝在妈妈亲切的关怀中感受妈妈的爱。但是同时妈妈要用坚定的态度对宝宝说：“你要是躲起来生气，妈妈就帮不了你了。现在，妈妈知道你的想法了，你再听听妈妈的建议吧……”坚定的态度让宝宝明白生气无助于解决问题，有利于宝宝恢复理性的态度。

关键词：喜欢拥抱

Q：女儿1岁9个月23天，和小朋友在一起熟悉了就喜欢拥抱，速度极快，看也看不住，制止也制止不了，该如何引导呢？

A：拥抱是一种比较主动、热情的交流方式，但是1岁多的宝宝走路、站立等身体动作的发展还不够稳定，还掌握不好拥抱的速度、力度。另外，并不是所有宝宝都愿意接受别人的拥抱，宝宝还不明白拥抱之前需要征求对方的同意，有时主动、热情的拥抱可能会吓着同伴，所以妈妈要引导宝宝学习安全的、礼貌的拥抱。妈妈在家里可以先与宝宝进行演练，让宝宝先说："我可以抱抱妈妈吗？"然后再抱。妈妈想抱宝宝，也要先征求宝宝的意见："妈妈可以抱抱你吗？"抱的时候，指导宝宝要站稳，身体不要过度倾斜。走在外面看见熟悉的小朋友，妈妈可以问宝宝："如果你想抱抱他，你应该先怎么做？"启发宝宝先动口再动手。此外，告诉宝宝如果遭到同伴的拒绝，也不要伤心难过或者强迫别人拥抱，培养宝宝尊重别人意愿的好习惯。同时，妈妈可以告诉宝宝还能用拉手、分享玩具、一起游戏等方式表达对同伴的喜爱。

关键词：哭的时间很长

Q：宝宝从小到大都爱哭，同事说采取冷处理的方法，就是随便让他哭，他知道哭没有用了，就不哭了。妈妈尝试了这种办法。有一次，宝宝连续哭了40分钟还不停止，妈妈忍不住去哄，又哄了很长时间，宝宝才渐渐不哭了。妈妈犯愁了，怎样才能让宝宝不哭那么长时间呢？

A：冷处理并不是冰冷地处理，而应该是冷静地处理。宝宝经过多次哭到自然累才明白哭也没有用，最后在心灰意冷中停止哭泣，这种冰冷的教养态度并不好，让宝宝身心遭受的折磨太多太久。针对哭闹时间比较长的宝宝，家长可以采取温情而冷静的态度对待宝宝。例如，对这个连续哭40分钟的宝宝，家长可以每隔5分钟去关照他一次，问："哭不能解决问题，如果不哭了，妈妈就陪你玩一个游戏。你是继续哭，还是玩游戏？"如果宝宝选择继续哭，妈妈5分钟后再这样询问一次。每次询问都给宝宝一次思考和选择的机会，让他既感受到了妈妈的关照，又感受到了妈妈坚决的态度，长久下去可以培养宝宝的自律能力。

关键词：急脾气

Q：宝宝性子特别急，不能等待。如果出门，他不能等家人穿完衣服一起走，而是自己的衣服穿完了就要走，所以我们家是大人先穿完衣服，再给他穿，以免让他等我们。怎样改改宝宝性子急的毛病呢？

A：等待是适应生活需要的一项基本能力，看起来似乎很简单，但对于宝宝来说，它的培养需要一个自然成熟的过程。等待磨炼宝宝的心智，是事物发展的时空顺序和做事的先后程序在宝宝头脑中的反映。宝宝在生活中不断体验等待是有必要的，反复的等待经验培养了宝宝对顺序和程序的理解与预见能力，他的等待能力也随之逐渐发展成熟。因此，妈妈不要急于改变宝宝性子急的毛病，而是要让宝宝完整地体验生活过程，并用简洁的语言耐心地给宝宝讲解这个过程，例如用"首先""然后""最后"这样的词汇，或者用数数的方式表达等待的开始与结束，都会锻炼宝宝的等待意识与等待能力，进而培养宝宝良好的性情。尽管这位家长采用减少等待时间的方法缓解了宝宝的急躁情绪，但宝宝在生活中应该具备的等待意识与等待能力并没有培养出来。

关键词：倔强

Q：宝宝1岁了，变得很难对付，有时不知道怎么惹着他了，他故意跟人作对。例如，他爸爸天天戴眼镜都没关系，有一天他舅舅戴着眼镜他就哭，不愿意进屋，非得舅舅把眼镜摘了，他才平静下来。不知道宝宝为什么这么倔强？他故意跟人作对，怎么办？

A：1岁宝宝的认知水平开始迅速提高，尤其是对事物之间一一对应关系的理解与把握更加准确与稳定，但也缺乏灵活与变通性。例如戴眼镜这件事，宝宝已经获得先入为主的认识——爸爸是戴眼镜的，戴眼镜的人就是爸爸，也就是说他把爸爸与眼镜之间的对应关系绑定了。如果别人戴了眼镜，他就会感觉自己固有的认知被打乱，因而烦躁不安。生活中许多情境都是这个原因导致的，例如沙发是爷爷经常坐的，如果客人来了坐在这里，他会觉得客人扰乱了一种秩序，因而出现哭闹甚至赶走客人的现象。可见，宝宝不是故意跟人作对，是认知水平有限的原因。妈妈要带宝宝四处走走看看，宝宝见多识广了，就不会局限于单一的对应关系，理解事物的灵活性也随之增强了。

关键词：突然胆小

Q：儿子1岁半。一个他熟悉的阿姨平时是把头发扎起来的，一天她散着头发来到家里玩，儿子就害怕得往后退，不敢让她进门。我让阿姨扎起头发，儿子就让她进来了。然后又让阿姨把头发再散开，儿子就吓得躲到一边站着，斜着眼睛看阿姨，儿子在逃避。这是怎么回事呢？孩子是不是太胆小了，得治一治？

A：宝宝最近的变化显示他的智力发展可能进入一个新的阶段，开始关注事物的细节以及事物的变化，而对细节和变化的新发现打破了宝宝原有的认知模式，因此他在心理上缺乏了安全感。因为他观察的是事物的表象，阿姨扎着头发是一个样子，现在散着头发还是阿姨吗？阿姨怎么会变呢？好莫名其妙啊！他的大脑开始怀疑自己的眼睛，产生了不安全感。在这种情况下，一方面，要继续经常带宝宝出去玩，在他不敢接触陌生人和陌生环境时，不要强迫他接近，允许他远远地观察；另一方面，妈妈可以跟他玩游戏："宝宝，妈妈给你玩个小魔术吧，变变变，看看妈妈大变样！"妈妈扎头、散头、戴帽或者戴围巾，不管外表有什么变化，妈妈还是妈妈。这个过程实际上就是培养宝宝透过现象看本质的认知发展过程，以后宝宝就把这种认知水平和能力逐渐从熟人迁移到陌生人身上，从熟悉环境迁移到陌生环境里，宝宝的安全感水平也就随之逐渐提高了。

关键词：害怕理发

Q：宝宝1岁2个月，理发是个难题。他小时候就害怕理发，哭得厉害，我们就在他熟睡的时候赶快给他理发。现在他大了，白天睡觉不多，以前的办法不行了。可是天气渐热，宝宝头发长容易长痱子，我们该怎么让宝宝接受理发呢？

A：大部分宝宝都有害怕理发的经历，这是宝宝自我保护本能的表现。剪刀看着锋利、电推子比较响或者理发的时候头部失去活动的自由，都会让宝宝觉得害怕、不舒服，所以他用哭声表示恐惧与抗议。父母不要紧张，如果父母显示出担心和害怕的表情，会加剧宝宝的不安全感。类似"宝宝不害怕""好了，好了，我们不剪了"的话通常也起不到安抚宝宝的作用。家长还要采取其他更加有效的办法鼓励宝宝理发。例如，在家里可以当着宝宝的面给宠物或者动物玩具剪毛，宝宝看到小动物不哭不怕也不痛，有助于他缓解对理发的恐惧心理；可以带宝宝到理发店看别人理发，他一定会觉得好奇，看得不亦乐乎；爸爸还可以现场理发，显示出感觉很有趣、很舒服的样子，为宝宝接受理发加油鼓劲。为宝宝选一个专业的理发师也很重要，家长不要随意给宝宝理发或剪发，因为宝宝颅骨较软，头皮柔嫩，理发时也不懂得配合，而儿童理发师有逗引宝宝的经验，能较好地把握理发的长度、力度与速度，熟练的理发技术以及专业的工具和座椅等设施都有助于降低安全隐患。

2～3岁孩子情绪问题咨询

关键词：黏人

Q：宝宝2岁10个月，从来不会替别人着想。不管你在做什么，他都要硬拉着你陪他玩。我该如何引导，让他做一个善解人意的宝宝？

A：会自己玩的宝宝独立游戏水平高，人际交往智能也较高，因为这表示宝宝比较理解和尊重别人，不打扰别人的工作时间和私人空间，通情达理，合作性好。会自己玩的宝宝还具有专注和自主的心理品质。蒙台梭利说：“专注是科学家的品质。”当孩子偶尔自己玩的时候，家长要像尊重科学家一样尊重孩子的专注，不要轻易地打断孩子。这个时候父母也能收获养育孩子的轻松与自在。

在良好的养育方式下，宝宝到2岁以后就已经从黏人发展到具备自己玩的能力。平时家长可以经常对宝宝传递这个信息：“会自己玩的宝宝是好宝宝。”家长可以尝试从离开宝宝半分钟开始，如果宝宝不黏人就夸奖他，然后逐渐延长到1分钟、2分钟……锻炼他自己玩。同时，与宝宝相处的时候可以固定播放某段音乐，宝宝渐渐地就把这段音乐跟家长联结在一起，获得了相应的安全感。当家长想做自己的事情的时候，让这段音乐代替你陪伴孩子玩一会儿是没有问题的。同时，这样做还能培养孩子的音乐感受力，这是一举两得的好事。

关键词：生气不理人

Q：多多现在3岁，只要有一丁点小事没有满足他的要求，他就生气不理人。请问该如何纠正他的这种行为？

A：多多的这种情况一方面反映了幼儿以自我为中心的思维特点，另一方面说明他需要锻炼耐挫力。耐挫力强的孩子遇到困难能较快地调整自己，自信、乐观；耐挫力弱的孩子遇到稍微不顺心的事情就生气，跟自己过不去，不利于良好行为的形成。培养孩子的耐挫力就得把孩子放在“逆境”中（如与小朋友不可避免的冲突中），而在家里，家长越是顺从他，他的耐挫力发展得越慢。不知道你的孩子是否上幼儿园了，与同伴相处是培养孩子耐挫力不可或缺的途径。因为孩子与家长在一起的时候，家长总是照顾属于“弱势群体”的孩子；当孩子与同伴在一起的时候，他们势力均衡，谁也没有让着谁的义务，在彼此之间的磨合中，孩子不得不调整自我与他人的关系，知道要想与同伴搞好关系就不能动不动生气噘嘴。另外，幼儿教师也会告诉孩子什么是能被人接受的情绪、什么是不受欢迎的情绪，孩子会渐渐明白总是生气不理人，既不受老师欢迎也不受小朋友欢迎，这样做是不对的。当孩子在外面遇到不顺心的事情而难过的时候，请家长不要“心软”，把侧重点放在开导自己的孩子方面，而不是为孩子“打抱不平”，替孩子“出气”。

关键词：自慰行为

Q：女儿2岁的时候，不知道怎么的，她总是不自觉地摸自己的小乳头，开始只在睡觉时摸，后来不管什么时候，不自觉地就摸。她自己也知道不对，每次有人提示她，她都不再摸，但不注意的时候就又摸了。我也采取过很多措施，都不奏效，让我很头疼。请问，怎么做才能改掉她的这个习惯？

A：这可能是一种自慰行为，即女儿2岁多刚上幼儿园的时候，不适应一个人睡觉，通过抚摩自己的小乳头，她会获得一定程度的安全感，于是不自觉地对这种自慰行为产生了依赖性，久而久之形成了习惯性的动作。这种现象在男孩身上也有，例如有的男孩会对抚摩小鸡鸡产生自慰依赖。当她抚摩的时候，可以采取下列方法：（1）给她一个平时最喜欢的毛绒玩具，说："这个小宝宝想你了，希望你抱抱它，做它的好妈妈！"目的是帮助孩子从关注自己走向关注他人，尤其是在孩子睡觉的时候，帮助孩子获得安全感。（2）不要大声制止她，这反而增强她的好奇心。当你带她在外面的时候，可能有的成人会对她的行为大惊小怪，你不要应和，而是平静地带孩子玩游戏，占着她的手。（3）给她足够的关注，及时回应她的需要，增强她的自信。

关键词：逆反心理

Q：宝宝做什么事总有自己的理由，可能她的综合能力比同龄的孩子要强一些，可一个人习惯给自己找理由总不是一件好事。我举个简单的例子，她见到我的同学或同事不叫阿姨（一般我不强迫她做什么事情），过后我问她为什么不叫，并告诉她这样不礼貌，大家喜欢有礼貌的孩子。她呢，能告诉你十几条理由：我不喜欢叫；我不喜欢这个阿姨；我当时想睡觉；上次阿姨让我怎么怎么来着我不喜欢；要是×××我就叫；我不喜欢××阿姨结婚时穿婚纱；我不喜欢阿姨和妈妈说话；我不喜欢阿姨在我们幼儿园门口等我；我不喜欢阿姨说话声音太大；阿姨上次说了有什么什么不给我吃；阿姨说了不给我生小弟弟……几乎所有的问题，她只要不想做，都有很多理由。她这样正常吗？如果不太对劲，我应该怎么做？

A：从心理发育的角度来说，你的孩子处于第一反抗期，逆反心理比较明显。与这个时期的宝宝说话，常常需要一些技巧，更何况你的孩子综合能力比较强，口头语言能力发展比较快，就更考验家长的教育策略了。首先，对于正确无疑的教育要求，避免使用疑问句，因为她的第一反应就是拒绝，也不要带有商量的口气，而是用明确清晰的肯定句；其次，如果征求她的意见，先提供否定词，再提供肯定词，例如："我们要见一个阿姨，你是不叫'阿姨好'还是叫'阿姨好'？"小家伙常常会顺着第2个方案；再次，知道宝宝比较逆反，你要提前预防，告诉她这种情况应该怎么做；最后，有的家长会用一种语气表达很欣赏宝宝的"狡辩"，例如："你的小嘴还挺能说！""嗬，有主意的小家伙！"这样反而鼓励孩子逆反。这个时候，家长要把正确的意思"翻译"给孩子："阿姨说你叫了'阿姨好'就是好孩子！"

关键词：脾气拧

Q：宝宝快3岁了，我发现她有一个特点，妈妈给她拿什么东西，她都不要，偏要胡乱拿另一件东西。比如，冬天出门了要换衣服，她拉开柜门要自己选择，大冷天非要穿裙子，夏天出门非要穿靴子，跟她讲道理也不听，非常拧，请问该怎么办？

A：随着宝宝独立自主意识的增强，她开始喜欢自己做主选择，如果不让她选择，会压抑她的个性；如果让她随便选择，她还没有能力做出合理的选择，家长可以给她设置两三个合理的选项，她选其中任何一个都行。例如，穿鞋子时不要把夏天的凉鞋和冬天的靴子摆在一起让她选择，而是提供两三双应季的鞋子引导宝宝学会正确选择。如此一来，她既有了选择空间，又不至于选得离谱。可见，平时妈妈要善于把宝宝的玩具和衣物归类，暂时不需要的就“束之高阁”。如果所有的东西都堆放在宝宝面前，给宝宝造成选择的范围越多，选择的焦虑也越强，结果她很有可能胡乱选一个，家长再一干涉，反而影响她选择的积极性和选择能力的培养。

关键词：耍赖偷懒

Q：女儿2岁多时穿衣、吃饭、洗澡等从不用我帮忙，只要给她准备好就行，那时候与她同龄孩子的父母很是羡慕。可糟糕的是就在几个月前，3岁的她什么事都要求帮她做，一直持续到现在，我的夸奖、诱惑都失去了魅力，甚至洗脸都不自己做了，连袜子也让我帮她穿，每次还拿腔捏调地提要求。老师说，她在幼儿园做得挺好的，可怎么在家就不行了呢？这种情况您遇到过吗？我该怎么办？

A：2岁多的孩子处于动作发展迅速的时期，受这种生命成长内在动力的驱使，孩子总想自己多运动、多动手，这样才能满足机体生长的需要。就像有些十几岁的孩子非得出去打打球，做一些剧烈运动释放一下能量才浑身舒服一样。很多家长都纳闷孩子不会走的时候总想下地走，等真正走好了，他就不走了，总是缠着爸爸妈妈抱，也是这个道理。

可见，孩子“在2岁多时什么事都希望自己做，穿衣、吃饭、洗澡等从不用我帮忙”，从这个意义上说，都是“假象”，主要是一个自然和自发的过程。家长的教育任务就是在孩子的能力达到一定程度的时候，培养他由自然自发的状况转向自觉主动的状况。现在你已经发现“夸奖、诱惑都失去了魅力”，不妨根据孩子的特点试试其他办法。首先看“激将”行不行：“宝宝不会吃饭，对不对？”如果宝宝对你的说法不服气，就乘机让她自己吃。宝宝与其他宝宝在一起的时候，也可以用这种策略敦促她。其次把穿衣、吃饭、洗澡等生活事项游戏化，找一些可爱的儿歌，与孩子边叨唠边行动，激发孩子的兴趣。最后，如果有这方面的动画片或者故事，可以给孩子看一看、讲一讲，让孩子渐渐建立模仿对象。

关键词：不愿分享

Q：宝宝2岁3个月，有一个小毛病就是吝啬。别的小朋友到家里来玩的时候，她不让别人玩她的玩具，连摸都不让摸，说她也不听，弄得我很尴尬。怎样教育宝宝对别人大方一点？

A：宝宝不让别人玩她的玩具，说明她对物的所有权概念有了初步认识，这是她智力发展的一个表现。接着就该培养她学会分享这一情商了，但这需要一个过程。首先，妈妈不要着急地从她手中夺走玩具送给别的小朋友，这会破坏她刚刚建立起来的所有权概念，而所有权会给她带来安全感和放松感，失去这个玩具会让她变得伤心难过。其次，宝宝的所有权概念比较刻板，尤其对陌生人比较防备，担心别人玩过之后玩具就不属于她了。宝宝一般对妈妈、阿姨等熟悉的人比较信任，妈妈可以渐渐地引导教育宝宝：“这个小熊是宝宝的还是妈妈的？”“宝宝的。”“那妈妈可以玩玩吗？”“可以。”“妈妈玩完以后，小熊是你的还是妈妈的？”“宝宝的。”“昨天丽丽玩你的玩具，你怎么不让呢？丽丽玩完以后，玩具也还是你的呀？以后你的玩具也让别的小朋友玩一玩，好吗？”妈妈可以经常跟宝宝讨论她的玩具可以让谁玩，渐渐培养她的分享意识。

关键词：洗澡、洗头烦躁

Q：宝宝2岁了，特别不爱洗澡、洗头，一洗就烦躁，怎么办？

A：很多宝宝都会遇到洗澡、洗头的烦恼，一般原因都是水淋湿了眼睛（耳朵）不舒服、洗发水刺激了眼睛、水温让宝宝感觉烫、在水里坐不稳、淋浴水流太大而害怕或者家长情绪比较急躁强迫宝宝下水，让他产生逆反心理。如果宝宝不愿意洗澡、洗头，家长不要用吓唬的方法让他直接下水，可以先用湿毛巾给他擦擦身体，慢慢地换少量水帮他洗一小会儿，然后逐渐增加水量，给宝宝一个逐渐适应的过程。另外，没必要每次都给宝宝用浴液和洗发水，还可以给宝宝买一个婴儿专用浴帽——只有帽檐，而且头顶是空的。较大的帽檐可以防止水淋湿眼睛，方便妈妈给宝宝洗头。在澡盆里放一些玩具吸引宝宝，妈妈给宝宝讲故事、说儿歌，创造轻松的气氛，都有利于安抚宝宝的情绪，使他愉快地配合洗澡、洗头。

3～4岁孩子情绪问题咨询

关键词：无理取闹

Q：宝宝3岁，聪明伶俐，一件事情该怎样做她很清楚，但是有时她很听话懂事，有时她言行不一、无理取闹，大人没办法了只能强迫她服从。请问有没有更好的办法来对付宝宝的无理取闹？

A：3岁的宝宝可塑性很强，还没有形成稳定的性格，所以她的行为具有反复性，即使宝宝可能说得头头是道，一副很明白道理的样子，但有可能说到却做不到，这对3岁的孩子来说属于正常现象。这时候家长的教育很重要，因为孩子的不稳定性可能向良好行为倾向发展，也可能向不良行为倾向发展。首先，在这种情况下，家长的教育态度要一致，不要朝令夕改，不要一个唱黑脸、一个唱白脸，即使对孩子的教育有不同的意见，也不要当时暴露在孩子面前，私下再沟通。家庭成员形成教育联盟是矫正孩子无理取闹的根本办法。其次，根据情况采取“预警教育”。例如，在去商场之前，先跟孩子一起列好一张购物清单，让孩子说出或画出自己想买的东西，并告诉孩子不能买清单以外的东西，否则今天就不带他去商场了。家长还要提醒孩子，如果在商场无理取闹，买了清单以外的东西，下次就别想跟妈妈一起去商场了。最后，对孩子的行为及时评价。画一张表格，一栏是“聪明懂事”，一栏是“无理取闹”，如果孩子表现好了就在“聪明懂事”一栏画一个笑脸，表现不好就在“无理取闹”一栏画一个哭脸，笑脸积累到一定程度就答应他一个小要求。及时评价将极大地促进孩子养成好的行为习惯。

关键词：喧闹不安静

Q：儿子3岁了，特别闹，尤其在公共场所，有时候简直让人无法忍受。请问，我该如何让他安静下来？

A：如果孩子比较爱动爱闹，家长会比较辛苦。不管是在家里还是在外面，家长都得特别关注他的动静，以保证他的安全。如果与其他小朋友在一起，家长更得防备孩子的行为危及同伴的安全。如果孩子在公共场所闹得无法收拾，你得把他抱走，用简短的语言批评他，并告诉他应该怎么做。他明白了你再放他回去，他“犯规”了你再抱走他。为了孩子，家长就得这么辛苦。

3岁前宝宝的一个主要发展任务就是获得安全感，吸引大人的注意力是他们获得安全感的一个重要方面。你的儿子成功地做到了这一点，这是他长期探索出来的成果，家长短时间内不容易把孩子的这种行为方式扳过来。但这并不是说孩子会一直这么闹下去，适宜的环境和教育会让孩子渐渐发生改变。你可以与孩子做一些比较安静的游戏，例如画画、拼图，鼓励孩子完成一件事再做别的事情。如果孩子正沉浸于某种游戏，你不要打扰他，即使该吃饭了也不要打断他的专注力，让他好好地安静一会儿。一项研究发现，生活在成员较多的家庭中的孩子比较闹，因为他的注意力总是被进进出出、来来往往的家庭成员打断，不容易较长时间安静地做完一件事，所以给孩子营造安静的环境是使他学会安静的关键因素。

关键词：调皮捣蛋

Q：孩子已经3岁了，非常调皮，最近养成一个拿石子砸人家汽车的坏习惯。听到石子砸在汽车上的声音，他开心得哈哈大笑，好像觉得这是一件十分有趣的事情。我已经多次教育他，但他还是顽皮地继续这种游戏。我该如何让孩子明白他的错误并且改正呢？

A：看得出你是一个教育孩子很用心的妈妈，能正确对待孩子的好奇心，把它与行为习惯、品德教育结合在一起。你已经多次教育过宝宝，聪明的他一定已经明白你讲的道理，但是因为他比较调皮，是一个光点头同意而不照章办事的小家伙，家长得给他一些不愉快的体验才能制止他的行为。给他一次最后通牒：“如果再砸人家的汽车，就没收你一个最喜欢的玩具。”如果他仍然把家长的话当耳旁风，那就严格执行限定。发现爸爸妈妈动真格的了，他可能会用哭闹威胁家长，家长不要动摇和妥协，并且承诺：“如果你今天和明天不再砸人家的汽车，就把玩具还给你。”之所以先限定两天，是因为3岁孩子的长时记忆还不发达，需两天过后再次提醒他。就这样两天两天地提醒和监督他，渐渐地，他的不良行为就收敛了。另外，家长也可以用适当的方式满足他在认知上的好奇心，跟他讲讲为什么汽车会发出声响，同时告诉他扔石子给汽车带来的损害，让他对正反两方面的道理都能明白。这样，好奇心驱动他干坏事的动力就小多了。

关键词：太有“个性”

Q：女儿3岁半，秋天上了幼儿园。在课堂上，她会跟老师积极配合，回答问题很到位，而且语言表达能力可以算得上是全班最棒的，处理事情的能力也有，而且能帮助老师做一些简单的工作。可是不久前，老师告诉我：“你的女儿逆反心理很强，比如老师让所有的小朋友去洗手，她一定不去；课外活动的时候她就像变了一个人，总是在队伍的最后一个；小朋友们都做操，她却在一边无所事事地溜达，也不肯跟小朋友们一起做游戏。”宝宝在课堂上的表现让我很欣慰，但是她太有“个性”这件事让我很担心。作为家长，我应该从哪方面加强对孩子的教育和关心？

A：太有“个性”的孩子需要个性化的教育方式，尤其对处于逆反期的孩子，更得使用一些特殊的办法。你的女儿语言表达能力强，能做老师的小帮手，这些都是特别能彰显“个性”的事情。而在洗手、户外活动以及其他一些集体活动中，老师对孩子们的要求是整齐有规矩，这不是孩子显示“个性”的机会，于是你的孩子就想出不洗手和无所事事地溜达等方式，表达自己的独立性与“个性”。对此，老师和家长首先要尊重孩子渴望表达自我的需求，不要训斥孩子，而要耐心地讲道理，规劝她融入集体生活。当她不配合的时候可以忽略她的行为，不要与她顶牛，以免引起她的故意逆反心理与行为；当她配合的时候就夸奖她或者给她一张小卡片，这样就强化了她的适宜行为，轻描淡写了不适宜行为，孩子就会渐渐安全地走出逆反期，进入身心发展的新阶段。

关键词：突然口吃

Q：儿子3岁多，小时候说话一直没问题，可是最近这段时间突然有些口吃，而且越紧张越严重。我们非常担心，该怎么办？

A：既然孩子小时候说话一直没有问题，只是最近这段时间突然有些口吃，那就排除孩子先天语言发展不足的因素，极有可能是孩子模仿别人或者急于表达自己又有些吃力的结果。不管怎么样，都不要训斥孩子，孩子越被训斥越紧张，口吃可能越严重。出门在外，如果有人当着孩子的面说“这孩子怎么口吃呀”，家长不要过于计较，更不要使孩子感到羞愧。当宝宝出现口吃现象的时候，家长应冷静地听他讲完，然后请他尽量流畅地再说一遍，或者给他示范比较简洁的表达方式，帮助他克服口头表达的困难。如果发现孩子是在模仿某个孩子或者大人，家长要明确地告诉他："他那么说不对，宝宝不学他。"让孩子明确地知道学习别人口吃是不对的。另外，带他一起诵读朗朗上口的儿歌，唱一些流畅的歌曲，都是从正面矫正宝宝口吃的好办法。宝宝口吃还有一个心理因素是害怕与胆怯，观察宝宝是否对某个环境或事物不太适应，如果发生这种情况，需要家长尽快帮宝宝恢复信心。这样一来，宝宝的口吃也将随之消失。

关键词：欺负老人

Q：宝宝在爷爷奶奶和爸爸妈妈面前表现很不一致。爸爸妈妈上班的时候，宝宝在家里很乖，听爷爷奶奶的话；爸爸妈妈下班回家了，他就不听爷爷奶奶的话了，为所欲为，还故意欺负老人。我们要是批评他，他就使劲哭，爷爷奶奶说："算了算了，就依孩子吧。"怎么办呢？

A：学会察言观色，在不同人面前有不同的表现，这是宝宝人际交往智能发展的表现。但是这种智能用得不适宜，就可能会形成不良行为习惯。因此，在良好的行为标准上，家人对宝宝的要求应该一致。例如，宝宝不尊敬老人，父母要温和而坚定地要求宝宝重新说礼貌的话、做礼貌的事，即使老人心软地说"算了算了，就依孩子吧"，父母仍然要坚持宝宝做他应该做的事情。同时，父母还要帮助老人树立在宝宝面前的威信，遇事经常征求老人的意见，积极支持与配合老人的做法和建议，不让宝宝觉得爸爸妈妈不在家，就是爷爷奶奶说了算，所以得听爷爷奶奶的，而爸爸妈妈在家，爷爷奶奶就"靠边站"，然后就仗着爸爸妈妈的势，欺负爷爷奶奶。这种微妙的家庭关系都是在不经意的日常言行中被宝宝觉察的，所以家长要谨言慎行。

关键词：抵触对抗

Q：儿子4岁，犯错误挨了批评就不高兴，不但不认错，反而抵触对抗。我们在他身上下了不少功夫，可收效并不大。这是不是心理上的问题？该怎么办？

A：这种现象不是孩子心理上出现了什么问题，而是儿童自尊心发展过程中的一种表现。自尊是儿童对自我的一种感知评价和情感态度，可以分为外部自尊和内部自尊。外部自尊源于周围人对儿童的评价和态度，儿童的自我认识对成人的依赖性很强；内部自尊是儿童有能力根据自己过去的经验做出判断和选择，形成了初步的自我评价，显得有“主见”了。三四岁是儿童自尊心发展的一个转折点，3岁以下的孩子主要是外部自尊，成人说他怎么样他就认为自己怎么样；4岁以后的孩子开始发展内部自尊，对成人的评价开始“不买账”，处处都想有自己的“说法”。

可见，内部自尊是儿童自尊心发展的表现，但幼儿的内部自尊具有不稳定性，也缺乏深刻性，需要家长既尊重孩子的特点又加强积极引导。比如，孩子有了错误要批评他，但需讲究批评的方式方法。首先，不宜当着众人的面批评，要给孩子留点面子，可以采取说悄悄话的方式指出孩子的不当之处；其次，少一些评价性的批评，多一些建议性的批评。例如，当孩子不收拾玩具的时候，说：“你总是不收拾玩具，下次就不让你玩了！”这样的批评很可能招来孩子的反驳：“一会儿我还要玩呢！”你可以采用建议性的批评：“玩具也累了，让它们各回各的家休息吧。”前者只是简单的指责，后者则是在指导孩子应该做什么，更容易被孩子接受。

关键词：人来疯

Q：儿子4岁，我现在非常苦恼，比如幼儿园要求家长去参加活动，儿子看到我来，就闹起来，不听老师的话，也不跟小朋友一起活动，在教室里乱跑乱喊，家长们都看他，我该怎么办？

A：实行家长开放日的制度是《幼儿园工作规程》对幼儿园的常规要求，这是增进家园沟通与合作的有效途径。一般情况下，幼儿及其家长都喜欢家长开放日，如果某个幼儿的家长来不了，幼儿还会感到很失落。当然，有的幼儿可能出现“人来疯”的现象，一见家长来了，就忘了老师的要求和班级的纪律，不听话，在教室里乱跑乱喊，弄得家长挺尴尬的。出现这种情况，家长要想点招儿来管教孩子。

首先，在家长开放日之前，告诉幼儿必须遵守班级纪律，不能想干什么就干什么，否则爸爸妈妈就不去了。这样先给孩子打好“预防针”。可是，孩子毕竟是孩子，他们说话不算数是自我控制能力有限的原因所致，如果幼儿一时忘记家长的警告和自己的承诺，又乱跑乱喊起来，家长可以采取撤出现场的办法。见不着家长了，幼儿一定着急，家长就在外面对孩子进行即时教育提要求，这样反复实践，引导孩子遵守纪律。如果孩子配合家长而有点进步，家长要奖励给他一张他喜欢的小贴画或者其他小礼物，并时常问他：“宝宝说说这个小礼物是怎么得来的？”他说一遍，就等于“回炉”一遍教育要求。这样日积月累，慢慢地就能把一些规则“粘贴”在自己的小脑袋里。

4～5岁孩子情绪问题咨询

关键词：浮躁

Q：上了中班以后，我发现宝宝变得特别浮躁，总是坐不住不说，而且干什么事情都不认真。以前他能安静地画画、弹琴、搭积木，现在他画画就是乱涂，弹琴时间很短，积木没有搭完就拆。宝宝怎么变得浮躁了？

A：不少家长反映宝宝到了四五岁，变得没有以前好管教了，乖巧听话的样子被淘气闹人代替，该怎样正确认识这个现象并加以引导呢？四五岁宝宝的动作发展水平明显提高，更为充实丰富的活动空间才能满足他旺盛的能量释放需求。他们的游戏水平也有了极大的提高，喜欢挑战具有一定难度的玩具和游戏。以前他们不是太会玩，爸爸妈妈教他怎么玩，他就怎么玩。但是，四五岁的宝宝对自己的动作和游戏发展仍是"心有余而力不足"，他想超越自己，又没有足够的能力，这就需要家长提供一定的帮助和支持。例如，带宝宝做一些运动量稍大的活动，帮助他释放体内旺盛的精力和能量，但是又不能让他感觉力不从心或者过度运动。社区里的健身器材是宝宝玩耍和锻炼的好地方，当然你得注意保护宝宝的安全和正确操作器械。家长还可以给宝宝提供难度适当加大的游戏和玩具，例如比以前更复杂的迷宫、拼图或者拼装玩具。如果他不能坚持到底，你可以采用激将法，让他不认输。放下你手头的工作，陪他把游戏进行下去，也是培养他耐心的好办法。

关键词：不听话

Q：女儿4岁多了，不怎么听我们的话，平常她有一点儿不听话，我就打她，弄得现在是非得打疼了才管用。我想改变这种管教方式，希望能给我一个好的建议。

A：不知道你是否相信“打是亲，骂是爱，不打不骂要变坏”这句俗语，或者偏信一些“屈打成才”的极端故事。这些“歪理”和“怪事”有很多偶然因素在起作用，容易给听者造成假象和误导。其实，打骂孩子绝对是教育的下下策，是迫不得已的情况下采取的损招。如果家长把它当作教育孩子的常用手段，肯定会走到“山穷水尽”的地步，结果孩子和家长都将深受其害。

当孩子出现不良行为的时候，首先，要积极寻找非惩罚手段。因为惩罚只是抑制不良行为，并不会建立良好的新行为，它只告诉孩子不应该做什么，而没有告诉孩子应该做什么。其次，要减少使用惩罚手段出现的情境。有的父母有这种心理：“你不听我的，等一会儿看我怎么罚你！”既然惩罚有很多负面影响，与其等出现问题行为惩罚孩子，不如提前提醒孩子应该注意的问题，减少使用惩罚手段出现的情境。再次，要鼓励与表扬孩子的正面行为。父母对孩子要严慈相济，严肃地对待问题行为。同时，当孩子表现好的时候，父母要诚恳地表扬他，让孩子明白自己能做什么。最后，不能嘲笑和讥讽孩子。有的父母常常用嘲笑、讽刺的语言挖苦孩子，伤害了孩子的健康心理，使他们产生逆反情绪，不利于帮助孩子减少问题行为。

关键词：不爱惜玩具

Q：儿子4岁2个月，不太珍惜玩具，对他说的时候，他会表示明白了，可事后还会搞破坏。怎样能让孩子懂得珍惜自己的东西呢？

A：孩子不珍惜玩具的表现主要是摔、扔、随处乱丢、有意拆卸及不正确地把玩等，这些行为容易导致玩具被毁坏。摔、扔、随处乱丢玩具属于儿童不适宜的行为习惯，家长要通过教育来改变孩子的这一行为，比较有效的方法是自然后果惩罚法，即让孩子自己承担不良行为的后果。如果是摔玩具或扔玩具导致损坏，就不要给孩子再买同样的新玩具，让他学会承担责任。平时教育孩子玩完玩具要归位，如果是他随处乱丢使玩具错位找不着了，就教育他："每个玩具都有自己的家，没有家，玩具就会丢，然后就玩不成了。"家长可以把他乱丢的玩具藏起来，让他为自己的行为产生不良体验，进而增强爱惜玩具的意识。如果孩子有意拆卸玩具，可能是对玩具好奇的探究行为，拆卸之后如果家长能再帮他安装好，这是对孩子的科学启蒙。有的玩具买来以后家长要教会孩子正确的把玩方法，这样就减少了由于错误操作导致的玩具毁坏。

关键词：过分热情

Q：我的儿子上中班以后非常喜欢交朋友，每天离开幼儿园的时候都会邀请小朋友到家里去玩。这本来是件好事，我们都很愿意他和小朋友多接触、多交流。可最让我们家长头疼的是孩子过分热情，每次小朋友要离开我们家的时候，儿子都会大哭大闹，有时甚至堵着门不让小朋友离开，无论怎么讲道理都没用。我们该怎么办？

A：孩子喜欢交朋友是件好事，但是小朋友的离开使儿子大哭大闹，好事变成了烦心事。我们可以从两方面来认识和解决这个问题。一方面，从孩子过分热情的角度来说，说明孩子还不善于站在他人的角度来调节自己的需要和情绪，家长要给孩子讲道理，但是事先讲道理比事后讲道理更有效。已经了解孩子有这个特点，最好事先把道理讲明白，并且得到孩子的认可，否则就取消一次邀请小朋友到家里玩的机会。

同时，家长还要定好闹钟，跟孩子约定闹钟响的时候，就得允许小朋友回家。为了防止孩子听闹钟响的时候突然闹情绪，家长可以提前三次提醒孩子快到时间了，可以收拾玩具了，让孩子早早地做好心理准备。另一方面，给孩子提供足够的时间和机会。孩子玩不够，主要还是家庭环境单一造成的。既然邀请小朋友来玩，就把时间留得充分一些。家长平时可以多给孩子创造聚会的机会，这样一来，孩子玩不够、玩不过瘾的遗憾就会渐渐减少，家长的烦恼也就随之烟消云散了。

关键词：攻击

Q：儿子4岁半，无论在家里还是在幼儿园，他和小朋友交往时都特别容易动手，攻击性强，经常会有老师和别的家长来告状，我们讲道理也无济于事。我们该用什么方法来教育他呢？

A：总爱动手打人主要是孩子没有学会正确交往方式的表现。正确的交往方式应该是用清晰的语言表达自己的需求与愿望，并用合作行为与对方发生互动，如果遭到别人的拒绝能妥善调整自己的心理，而不是用打人来回复别人。家长平时要有意识地训练孩子的交往技能。当他有什么要求的时候，不要马上就配合他，而是花一两分钟让他组织语言，把自己的想法说出来。如果他说不清楚，家长就教他，然后告诉他与小朋友交往也应该这样先动口而不是动手。如果他已经出手了，及时的善后教育非常有必要。家长既要教育孩子学会道歉，也要告诉孩子在这种情况下应该怎样与小朋友打交道。当别人来告状的时候，厉声批评孩子可能挽回了你的面子，但是孩子是不明白自己为什么被告状和被批评的，家长还得跟他讲清楚他错在哪个细节上。有的家长则可能走向另一个极端，片面袒护自己的宝宝，既不批评也不正面引导，这样会对孩子产生消极影响。

关键词：不愿交往

Q：儿子4岁多，性格内向，不太合群。我们尽可能地带他到户外玩耍，希望他能多和同龄的孩子接触，结交朋友。可是他依然自己玩自己的，就是不和别的孩子交流，有需要就和我们玩。我们该用什么办法使他改变？

A：一般情况下，四五岁的孩子具备了与同伴进行自由平等、互补互惠的合作游戏的身心发展条件。他们虽然还把父母当成自己的好伙伴，但是越来越多地开始与同龄小伙伴玩耍。当然，由于每个孩子的性格倾向有差异，因此与同伴进行合作游戏的频率和程度也有所不同。针对你的孩子性格内向、不太合群的现状，可以从多方面着手使孩子变得活泼开朗一些。（1）继续尽可能多地带他到户外玩耍，即使他依然自己玩，不和别的孩子交流，身边孩子的存在也会对他产生影响。他会默默地观察其他小朋友，渐渐熟悉他们的行为方式，还会记着他们的名字，这都为他有一天能与小伙伴交流打下了心理基础。（2）适度鼓励孩子参与小伙伴的游戏，如果他不愿意也不要勉强，他渐渐就会有所改变。（3）买与其他小朋友相同的玩具，为他们能够产生互动交流搭建平台。（4）幼儿园是发展同伴关系、合作游戏和集体意识最好的平台，可以主动与幼儿教师沟通，希望教师能够关注孩子的性格发展，鼓励他多与小朋友打交道，培养他社会交往方面的勇气、自信和技能。孩子在幼儿园有了进步，你晚上接他回家的路上就表扬鼓励他，相信孩子一定会大变样。

关键词：没耐心

Q：儿子4岁，聪明活泼，性格开朗，可是做事情没有耐心。如果做一件事一次两次做不好，他就会发很大的脾气。遇到需要等待的事情，他特别性急，会发火。我该怎么去引导他学会等待和耐心呢？

A：当孩子出现以上情况的时候，首先检查孩子正在做的事情是不是太难了，超过了他解决问题的能力范围。如果确实如此，那么他就需要家长的帮助。家长可以给他指点做事的步骤，帮助他一步步克服困难，还要帮助孩子学会乐观、幽默地看问题。或许孩子已经成功了，但他希望自己做得更好，家长就帮他调节调节，说一些充满童趣和滑稽的话语，让孩子学会给自己加油，建立自信。家长还可以与孩子商量暂时放弃这个活动，如果想出好办法再继续做下去，培养孩子遇到困难能进能退的平和心态。

最重要的是，应坚持在日常生活中培养孩子的耐心。以后他有什么需求不要“说时迟那时快”地满足他，可以有意地拖延一会儿，让他学会等待。等待的时候并不是坐着不动，而是做一些暂缓急躁的活动，例如先数几个数，或者背一首儿歌、唱一首歌等，告诉孩子干完这样一件小事，他的愿望就可以得到满足了。开始时，孩子可能不配合，但哪怕只数三个数、说一句儿歌都是对孩子耐心的一种训练，以后坚持训练，会有效果的。

关键词：不自信

Q：女儿快5岁了，昨天我参加幼儿园举办的家长半日开放活动，发现孩子在班里坐椅子或到户外做操时不会主动坐前排或站在前面，总在后面。这是不是信心不足的表现？该如何引导她？

A：孩子为了获得安全感，有可能采取避免抛头露面的办法，以规避外来的压力和紧张，使自己保持一个相对稳定与平和的心态。有些情况下，孩子自己感觉缺乏某种技能，为了避免力不胜任所带来的挫折感而采取这种策略；有些情况下，孩子有某种技能，但是担心自己表现的时候会出现问题，也可能采取这种策略。家长可以根据不同的情况采用不同的教育方式。

如果属于前者，家长要专门培养和训练孩子的某种技能，因为自信的基础是有扎实的基本功和实力。家长要密切关注幼儿园的教育教学进程，了解老师教孩子什么知识和技能了，在家里问问孩子，如果她掌握得不好，可以再学习学习，但是切忌急躁、指责和攀比。一般情况下，孩子经过成人耐心的指导都能学好幼儿园教育要求的基本内容。

如果属于后者，家长要着重培养孩子在公众场合说话和表演的心理素质。家长可以把家庭训练与幼儿园训练结合起来。（1）平时多鼓励和积极倾听孩子说话，不要总是命令孩子，避免孩子不执行自己的要求就批评他，这样会挫伤孩子的自信心。（2）当举行家庭聚会的时候，鼓励孩子展示自己，有不成熟的地方也不当众指出来，而是悄悄地告诉她应该怎么做。（3）与幼儿园老师进行沟通，请他们主动创设鼓励孩子说话或表演的机会，让孩子与胆大的小伙伴多接触、交朋友，使孩子在安全的氛围和实践操作中锻炼自信心。

5～6岁孩子情绪问题咨询

关键词：暴躁

Q：儿子5岁6个月，脾气很暴躁，只要他提出的要求得不到满足，就会大哭大闹。有时我们批评他，他还大声嚷嚷，和我们吵。孩子的爸爸有时忍不住会发火打他，可是体罚终究不是解决问题的办法。我们该怎么办？

A：当脾气暴躁的孩子大哭大闹，家长批评、发火都不能解决问题时，就试试以静制动的暂时隔离的办法。当孩子不讲理、乱发脾气的时候，就把孩子拉到一个安静的地方，让他自己待着，不给他提供玩具，家长也不要理他。一开始这种办法会遭到孩子的强烈反抗，有的孩子会更加大声地哭闹；有的孩子则手打脚踢，席地翻滚。家长要坚持下去，大约6分钟以后再还给孩子自由。

使用暂时隔离法请注意以下几点：隔离的地点不是黑屋或者类似黑屋的地方，而是家长可以看见的地方，而且遇到紧急情况能在几秒钟内就跑到；该地方要安全，没有电源插座、易碎尖锐物品，确保孩子不会受到这些物品的伤害；隔离结束之后用简洁的语言告诉孩子被隔离的原因，并让他重复说一遍；隔离的时间以1岁1分钟为参考标准，五六岁的孩子可以隔离6分钟左右。如果孩子继续闹，可以再隔离6分钟，但这两个6分钟并不是连续的，一次只隔离6分钟。家长不要连续让孩子隔离十几分钟，甚至20分钟，这种惩罚的随意性是不可取的。

关键词：父母离婚

Q：儿子才5岁，由于种种原因我和妻子离婚了，孩子在前妻那里，我每周接他回来一次。我不知日后如何与孩子相处，才不会伤害儿子的幼小心灵？

A：离婚的父母与孩子相处的时候，关键是要保持一颗平常心。不少离婚后的父母认为孩子不能享受正常的父爱或母爱而感觉自己对不起孩子，把他看成特殊的孩子，于是在生活、学习和教育上处处迁就他，甚至“含在嘴里怕化了，捧在手里怕掉了”，在为时不多的周末探望中给予他百般的照顾和疼爱。长此以往，孩子在这种特殊环境中也会失去应该有的正常心态，无形中把自己当成特殊的人，只享受特权，不承担责任和义务。在这样一个特殊的环境中成长的孩子会降低适应普通社会环境的能力，所以失去一颗平常心的教育方式对孩子一生的健康成长是极为不利的。

如果父母失去一颗平常心，说明父母的心理健康水准下降了，而父母的心理素质状况与孩子的健康成长密切相关。因此，面对一个失去正常家庭的孩子，父母在教育孩子时都要保持一颗平常心，即完全像对待一个平常孩子一样对待他，该表扬时就表扬，该批评时就批评，该拒绝时就拒绝，把孩子放在一个正常、平常的普通环境中提要求。同时，父母还要与孩子的爷爷奶奶及外公外婆等家庭成员达成一致的教育态度，大家都恢复平常心，不要把孩子特殊化，营造一个自然的教育环境。

关键词：懒散

Q：一到节假日，孩子的生活就变得特别没有规矩。现在放暑假了，虽然有保姆在家，但是她管不住孩子，宝宝的生活懒散，起床、吃饭和睡觉都拖拖拉拉，怎么办？

A：你所提的问题相当于将幼儿园的常规教育贯穿于一日生活的各个环节，对幼儿的身心健康成长具有非常重要的意义。关于这一点，有这么一段佳话。在一次为75位获得诺贝尔奖的科学家举行的聚会上，一个老学者受到采访："请您谈谈，您是在哪个大学、哪个著名的实验室学到了您以为最重要的东西？"这位老学者略想了一下说："在幼儿园，我学到了东西要放整齐，不是自己的东西不要拿，做错了事要道歉，要仔细观察周围的大自然……从根本上说，我学到的最重要的东西就是这些。"简单朴实的话语道出了常规教育小中见大的意义。然而，不少孩子一放假就把在幼儿园里建立起来的常规置之脑后。比如吃饭、睡觉的时间和数量随意而变，穿衣的方式变成"衣来伸手"，吃饭的方式变成"饭来张口"，游戏的时候全家人都得让着，甚至拾起了尿裤子、尿床的"历史问题"……

这需要家长带宝宝制订一个暑期生活时间表，使他的生活节奏张弛有序，培养孩子的自律性。跟宝宝商量好几点起床，什么时间做什么，从早上你离开家门一直排到晚上你回家，并且列成表格，让保姆帮着记录，做好一项，粘一个小贴画，等小贴画积攒到一定数量，给宝宝一个他特别渴望得到的礼物，具体是什么礼物可以与孩子商量。

关键词：狡辩

Q：我的孩子5岁，大人说他什么他都有理由反驳，总是不虚心怎么办？

A：看来你的孩子思维敏捷，口齿伶俐。现在你已意识到要防止孩子产生不虚心、强词夺理的倾向，说明你教育孩子很用心。当孩子的身心发育到一定程度，就会出现反抗期，因为他对事物的认识深入了，开始有了自己的见解，渴望以反叛的形式展示自我，表示："你看，我长大了！"对于语言发展较好的孩子来说，这种反叛性表现得更明显。在这种情况下，家长要改变一些对孩子的认识和态度。有的家长不理解："这还得了，这么小就跟我对着干！"于是，以很大的火气和强硬的态度与孩子较劲，结果孩子要么退缩不言语了，要么越来越拧，真的变得不虚心了。比较合适的态度是容许孩子说理，但是到履行行为规范的时候，如果他狡辩不执行，就不必动口说理了，该怎样要求孩子就怎样要求孩子，不能再矫情。

比如，该吃饭了，可是孩子还在玩，找理由一拖再拖，可以准备一个定时器，与他商量好再玩3分钟或5分钟就得吃饭。到定时器响的时候，他还不动，家长不必再动嘴央求，只需按照约定把他的玩具收走。如果他还是不吃，就让他站在或坐在一个地方，但手里不能有玩具，也不与他说话，让他感到寂寞无聊，直到他有悔改的言行。这样做的最终目的不是强迫他就范吃了这顿饭，而是说到做到的诚信教育——再多的理由也不能改变约定。

关键词：骄傲

Q：女儿今年6岁，因平时各方面都表现不错，颇受老师的喜爱。她经常参与一些园内活动，如讲故事大赛、在舞蹈比赛上做主持人等，因而心里颇为自得。最近，老师发现她上课时常插嘴或讲话，有时甚至瞧不起其他小朋友。例如，一个小朋友举手了，却又回答不好问题，尴尬地站在那里不说话，女儿就说："不会就不要举手！"女儿这样很不好，我应当如何教育她？

A：孩子的思维特点是对自己的认识水平要比对他人的认识水平高，容易看到自己的长处，不容易看到他人的长处，因此常常滋长盲目自大的情绪。当孩子有股聪明劲，想让她既保持自信又做到谦虚，确实需要家长良好的教导。尤其是对6岁的孩子，既要把道理深入浅出地讲给她听，又要指导她的具体行为表现。家长可以注意观察孩子的同龄伙伴，发现其他孩子的长处，然后让自己的孩子认识到别人确实有比自己强的地方，也许孩子会说：“谁说我不会，我也行！”如果她一学就会，家长仍然要引导：“我知道你能行，但别的小朋友也是很棒的！”培养孩子接纳他人、肯定他人的心胸。很多老师都很注意这方面的教育和渗透，如果哪个小朋友回答问题正确，老师要求全班小朋友热烈鼓掌，并一齐大声说：“嗨！嗨！你真棒！”营造这种氛围的目的就是培养孩子为他人喝彩的胸怀。

关键词：顶嘴

Q：儿子快6岁了，现在最主要的问题是他很不听话，老是顶嘴。跟他好好说吧，不行；打吧，又舍不得。我都不知该怎么办才好。

A：从积极的方面看孩子顶嘴，说明他是个爱思考并善于表达自己想法的聪明孩子；从消极的方面说，他是一个不善于跟家长配合的倔强孩子。因此，家长要根据具体情况来评价他的顶嘴是否合情合理。

如果孩子是与一种“硬性”的规则对抗，例如不符合正确的行为习惯、违背场合的行为规范、明显影响他人的利益，甚至故意对他人利益造成侵犯，家长就要主动采取措施制止孩子的行为。即使他顶嘴也不理睬他，这种“硬碰硬”的方式也许太“酷”了，但是对于聪明的、爱顶嘴的孩子有益，否则他很难接受成人的管教。当然，打孩子是不被允许的，当孩子对抗管教的时候，与其打他，不如通过合适的方式让他承担一些责任和后果，例如取消一次玩游戏，改做其他事情等。

如果不涉及实际的行为规则，孩子顶嘴只是一些“软性”的观念磨合，家长切忌说“闭嘴”之类的话，就让他绞尽脑汁地为自己辩护，家长则可以冷静地按照他的错误逻辑把他推到一个理屈词穷的境地，这对他的思维反而是一次锻炼，对他的错误观念也是一次教育。这个办法比家长简单地强迫孩子接受自己的观点要好得多。

关键词：害怕困难

Q：儿子6岁了，作为妈妈的我平时带他多一些，孩子也比较黏我。我感觉他依赖性较强，面对困难总是害怕，不会想办法解决，只知道向大人求助。请问，我该怎样才能帮孩子克服以上缺点呢？

A：孩子到了该上学的年龄还这么黏你，是应该锻炼他的独立性了，为此可以尝试如下建议。（1）孩子常常与你在一起，你是不是常常对他有求必应，没有给他自己思考和决策的机会？如果答案是肯定的，那么从现在就开始改变自己。如果再遇到他向你求助的时候，你先问他：“你说怎么办呢？”一开始他可能一点办法也没有，你就先说出办法的“一半”，还有“一半”让他补充，迫使他开动脑筋思考。如果他想的办法不是太好，也要说鼓励的话，而不是批评和包办代替。（2）如果有可能的话，你出去一两天，让他学会跟别的家长相处。因为别的家长可能没有你为孩子考虑得那么周到、细致，这正好可以锻炼他面对困难的勇气和能力。问题的关键是你要舍得放手。

如果你好不容易下决心这么做了，回来后又心疼得不得了，对孩子加倍地释放你被压抑的母爱，孩子好不容易取得的一点进步又被你叫停了。（3）让孩子跟同龄小伙伴相处。小伙伴之间有他们自己的游戏规则和行为方式，大人不要干涉太多，有时候你的孩子“吃点亏”“占下风”，不要急着替他“讨公道”，先听孩子慢慢倾诉，从孩子的交往技能上找内因，帮助孩子寻找可以更好地转化矛盾的方法。有时候孩子之间出现一些小摩擦，你就潇洒地别管他，给孩子树立淡忘挫折的大度风范榜样，别让男孩变得那么敏感、细腻。（4）给他讲一些勇敢主题的小故事也比较有用，还可以让孩子扮演故事中勇敢的主人公，带他进行面对困难保持勇敢的心理演练，这对他以后面临实际问题很有帮助。

关键词：突然吃手

Q：儿子5岁多了，这段时间忽然开始吃手，尤其是在紧张的时候，他会不由自主地将手放在嘴里。我们越说他，他这种行为越严重。是他跟别人学的吗？怎样叫他不吃手？

A：婴幼儿吸吮手指属于正常现象，孩子3岁以后吸吮手指的现象会大量减少。吸吮手指是婴儿的一种本能生理反应，随着孩子身心发育渐趋成熟，吸吮手指渐渐转化为心理因素导致的自慰行为，尤其是没有吃手习惯的孩子突然吃手，主要是心理紧张和焦虑导致的，孩子最近可能遇到什么困难了。你可以从以下几方面矫正孩子的这个不良习惯。（1）倾听孩子的心声。鼓励孩子讲述最近发生的事情，帮助他解决困难，别再给他心理压力。（2）耐心讲道理。5岁的孩子已经能够听明白吸吮手指不卫生的道理，家长注意保持耐心、平和的态度，不要训斥他，尤其在公共场合，可以在他耳边悄悄地说，维护他的自尊心。如果越说他，他这种行为越严重，说明家长教育孩子的方法有问题。(3)还可以采取更加积极热情的方式帮助孩子摆脱心理焦虑。当你又发现他因紧张而吸吮手指的时候，你说：“和妈妈拥抱一下吧，妈妈喜欢你。”这样你既占着他的手，又给了他心理安慰。如果方便的话，你顺手递给他一个玩具，也能达到同样的效果。(4)带领孩子在游乐场玩蹦蹦床，或者在家里玩蹦蹦跳跳的游戏，拍皮球也不错，多活动、多运动有助于矫正孩子吃手。

关键词：两面派

Q：女儿今年上大班，在和老师的交流中，我发现她在幼儿园里十分乐意帮助老师和小朋友，老师称她简直就像“小当家”的。但是，在家里却恰恰相反，她什么事都让我们帮助，做事还慢，说她不好她就不高兴。孩子的这种“两面派”现象肯定不好，我们家长该如何做呢？

A：孩子“两面派”的现象与她处的教育环境和教育方式不同有关。在集体环境中，孩子会相互比较，希望自己比别人表现得好，老师的表扬对孩子的鼓励作用很大，这种外在环境促使她的自主性增强；在家里没有同龄小朋友做参照，她的自觉性就下降了。在教育方式上，幼儿园教师鼓励孩子学会自我服务和为他人服务；在家里则主要是家长主动为她服务，有时家长也会想起来应该让孩子学习自理，但是常常不自觉地一切都为她做好了，孩子自我服务以及为家长服务能力的锻炼机会就少了。可见，是幼儿园教育和家庭教育的差异导致了孩子的“两面派”行为。

家长可以在家里贴一张大表格，界定好孩子需要自我服务以及为家长服务的项目。孩子每有一次好表现，就在上面盖一个印章或者贴一个小贴画，这种办法对孩子很管用。同时，把孩子在家里的好表现告诉老师，巩固她的成就感。听到老师夸奖孩子在幼儿园的好表现，回到家里再表扬她一次，并给她提出新的要求，希望她在家和在园一个样。